Cahier de Français

5ᵉ
CYCLE 4

Fabienne Haudiquet
professeure de français au Mesnil-Saint-Denis (78)

Laetitia Marcellesi
professeure de français à Conflans-Sainte-Honorine (78)

Prénom :

Nom :

Classe :

Conforme au **Programme du cycle 4** (BO n° 31 du 30 janvier 2020),
à **La grammaire du français - Terminologie grammaticale**
(édition de juin 2021 réimprimée en janvier 2023)
et aux **Repères annuels de progression pour le cycle 4**
(BO n° 22 du 29 mai 2019).

SOMMAIRE

Grammaire

Les classes grammaticales
1. Le nom et le groupe nominal 4
2. Les déterminants articles 6
3. Les autres déterminants : possessifs et démonstratifs, numéraux, indéfinis 7
4. L'adjectif qualificatif et ses degrés 8
5. Les pronoms personnels 10
6. Les pronoms relatifs 11
7. Le verbe 12
8. Les mots invariables : adverbes, prépositions, conjonctions, interjections 14
9. BILAN 16
10. LA GRAMMAIRE EN JEUX 17

Les fonctions
11. Le sujet 18
12. L'attribut du sujet 20
13. Les compléments d'objet 22
14. Les compléments circonstanciels (temps, lieu, cause) 24
15. Les compléments circonstanciels (moyen, manière, but) 26
16. L'épithète 28
17. Le complément du nom 30
18. La subordonnée relative 32
19. MÉTHODE Identifier les classes et les fonctions grammaticales ... 34
20. BILAN 36
21. LA GRAMMAIRE EN JEUX 37

La phrase
22. Les types de phrases 38
23. Les formes de phrases négative et exclamative 40
24. La phrase à la forme passive 41
25. La phrase simple et ses constituants 42
26. La phrase complexe : juxtaposition et coordination 44
27. La phrase complexe : subordination 46
28. BILAN 48
29. DICTÉE PRÉPARÉE 49

Conjugaison et emploi des verbes

30. MÉTHODE Analyser un verbe 50
31. Le présent de l'indicatif et ses emplois 51
32. Les difficultés du présent de l'indicatif 53
33. Le futur simple de l'indicatif et ses emplois 54
34. L'imparfait de l'indicatif et ses emplois 55
35. Le passé simple de l'indicatif et ses emplois 56
36. La formation des temps composés 58
37. Le passé composé de l'indicatif et ses emplois 59
38. Le plus-que parfait de l'indicatif et ses emplois 60
39. Le futur antérieur de l'indicatif et ses emplois 61
40. Le passé antérieur de l'indicatif et ses emplois 62
41. Le présent de l'impératif et ses emplois 63
42. Le conditionnel présent et ses emplois 64
43. BILAN 66
44. DICTÉE PRÉPARÉE 67

© Hatier, Paris, 2023   ISBN : 978-2-401-09694-3

Sous réserve des exceptions légales, toute représentation ou reproduction intégrale ou partielle, faite, par quelque procédé que ce soit, sans le consentement de l'auteur ou de ses ayants droit, est illicite et constitue une contrefaçon sanctionnée par le Code de la Propriété Intellectuelle. Le CFC est le seul habilité à délivrer des autorisations de reproduction par reprographie, sous réserve en cas d'utilisation aux fins de vente, de location, de publicité ou de promotion de l'accord de l'auteur ou des ayants droit.

Orthographe

- **45** Le féminin et le pluriel des noms et des adjectifs 68
- **46** Les accords dans le groupe nominal 70
- **47** L'accord de l'adjectif 72
- **48** L'accord sujet-verbe 74
- **49** L'accord du participe passé 76
- **50** Les homophones : *on, ont, on n'* 78
- **51** Les homophones : *l'a, l'as, la, là* 79
- **52** Les homophones : *se, ce ; s'est, c'est ; ses, ces* 80
- **53** Infinitif en *-er* ou participe passé en *-é, -ée, -és, -ées* 81
- **54** MÉTHODE Relire efficacement sa rédaction, sa dictée… 82
- **55** BILAN 84
- **56** DICTÉE PRÉPARÉE 85

Vocabulaire

- **57** L'origine des mots et les familles de mots 86
- **58** La formation des mots 88
- **59** La polysémie : sens propre et sens figuré, champ sémantique 90
- **60** Les niveaux de langue, la situation d'énonciation 92
- **61** Les figures de style : comparaison, métaphore et personnification 94
- **62** BILAN 96
- **63** DICTÉE PRÉPARÉE 97
- **64** MÉTHODE Employer un vocabulaire précis et varié dans sa rédaction 98
- **65** Le vocabulaire des genres littéraires 100
- **66** Le vocabulaire du voyage et de l'aventure 102
- **67** Le vocabulaire de l'héroïsme 104
- **68** Le vocabulaire des relations avec autrui : famille, amis, réseaux 106
- **69** Le vocabulaire de l'imaginaire 108
- **70** LA GRAMMAIRE EN JEUX 109

Expression écrite et orale

- **71** MÉTHODE Bien travailler un brouillon de rédaction 110
- **72** Structurer un récit avec des connecteurs 112
- **73** Éviter les répétitions en utilisant les reprises nominales et pronominales 114
- **74** Les paroles rapportées : insérer un dialogue dans un récit 116
- **75** Rédiger une description 118
- **76** Rédiger un texte au passé (les temps du récit) 120
- **77** Écrire une scène de théâtre comique 122
- **78** Écrire une suite de texte 124
- **79** Exprimer son avis, son ressenti 125
- **80** Règles de l'oral : jouer une scène, réciter un poème, faire un exposé 126
- **81** BILAN 127
- **82** DICTÉE PRÉPARÉE 128

Achevé d'imprimer en France par Imprimerie IPS à Pacy-sur-Eure

Dépôt légal : 09694-3/07 – mai 2025

 Pour l'élève **200 exercices interactifs et autocorrectifs** signalés par hatier-clic.fr/23c5

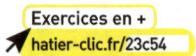

1 Le nom et le groupe nominal

Mon **oncle** conduit une moto.   Mon jeune **chien** s'appelle **Prunelle**.

- Le nom sert à désigner quelque chose : une **idée**, une **personne**, un **objet**, un **animal**…
  un **film**   une **règle**   **Guenièvre**
- On distingue :
  – le **nom commun** (généralement précédé d'un déterminant et commençant par une minuscule), qui varie en **genre** et en **nombre**
  la **maison**   ce **livre**   les **fournitures**
  – le **nom propre** (commençant par une majuscule).   **Dark Vador**   la **France**   **Nice**
- Le groupe nominal est constitué d'un **nom noyau**, d'un **déterminant** et parfois d'**expansions** : épithète (adjectif qualificatif, subordonnée relative), complément du nom.

le	petit	chien	de ma voisine	qui aboie
déterminant	épithète (adj.)	nom noyau	compl. du nom (GN)	épithète (prop. sub. relative)

> **Vérifiez que vous avez bien compris la leçon : complétez avec un nom propre et un groupe nominal dont le nom noyau est *jardin*.**
> .... a tondu ....

1 ■ **Soulignez les noms communs et surlignez les noms propres.**
1. Les spectateurs ont pris place sous le chapiteau.
2. Le clown Grock fait rire les enfants avec ses pitreries.
3. Les acrobates sont d'une souplesse incroyable !
4. Les écuyères font des cascades magnifiques avec leurs chevaux dressés, Quelie et Victoria.

2 ■ **Soulignez les groupes nominaux et surlignez les noms noyaux.**
1. Le matin, je n'aime pas sortir de mon petit lit chaud.
2. Les enfants, allez ranger votre chambre avant de manger ce bon goûter !
3. Je regarde la série télévisée préférée de toute la famille.
4. Le tapis dans ma chambre date d'avant ma naissance.

3 ■ **Complétez ces groupes nominaux par un complément du nom.**
1. un outil pour ....
2. une lampe de ....
3. un outil à ....
4. une machine à ....
5. une machine à ....
6. une boîte à ....

4 ■ **Précisez si ces énoncés sont des phrases ou des groupes nominaux.**
1. Le petit garçon tombe. : ....
2. le petit garçon rapide : ....
3. Des lampadaires sont allumés toute la nuit. : ....
4. des lampadaires allumés : ....
5. une feuille froissée : ....
6. Paul a froissé une feuille de papier. : ....

5 ■ **Classez dans le tableau les expansions des noms soulignés.**

1. Il avait entendu une petite voix qu'il lui sembla connaître.
2. Le preux chevalier héroïque retourna dans son royaume qui se situait bien loin.
3. Ce gros monstre des marais était une créature très sensible qui avait des sentiments.

Nom	Adjectif épithète	Subordonnée relative
voix		
chevalier		
royaume		
monstre		
créature		

6 ■ 📖 J'APPLIQUE POUR LIRE   **Soulignez le groupe nominal des noms noyaux en gras.**

> La seule **figure** heureuse et caressante de ce groupe, c'était celle d'un beau **chien** de chasse de la grande espèce des griffons, qui avait allongé sa tête sur les genoux de l'homme assis. Il était remarquable par sa longue **taille** [...] et sa spirituelle physionomie toute hérissée de poils en désordre, au travers desquels deux grands **yeux** fauves brillaient comme des topazes.
>
> **George Sand**, *Indiana* (1832)

7 ■ ✏️ J'APPLIQUE POUR ÉCRIRE   **Enrichissez les groupes nominaux soulignés avec deux expansions différentes.**

1. Le cheval brouta des trèfles. → ....
2. La voiture roule comme un bolide. → ....
....
3. Le potager produit des légumes. → ....

DÉJÀ FINI ?

 **8** Retrouvez les noms noyaux des groupes nominaux grâce aux définitions et synonymes. Puis complétez ces groupes nominaux.

Définitions : astuce : .... • tulipe : .... • habitation : .... •
on y fait du feu : .... • partie d'un récit : ....
Groupes nominaux : la grande .... du salon • une .... jaune • le nouvel .... de ma série préférée • notre .... de vacances • les .... du renard

DÉFI ! 9 a. Trouvez des noms commençant par les lettres données.

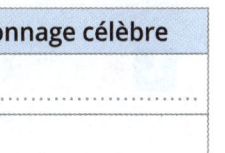

Lettre	Objet	Ville ou pays	Végétal	Animal	Personnage célèbre
G					
H					
O					

b. Créez des groupes nominaux pour trois de ces noms en leur ajoutant des expansions.
  Ex. : l'agréable guitare de mon cousin ; une hache acérée pour couper du bois.
....

2 Les déterminants articles

le soir   une princesse   des gâteaux   du pain

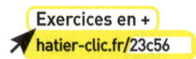

- Les déterminants se placent **devant le nom**. Ils indiquent le **genre** et le **nombre** de ce nom.

Déterminants		Emplois	Exemples
Articles définis	le, la, les, l'	Avant un nom précis	**les** gens, ...
Articles définis contractés	au (à + le), aux (à + les), du (de + le), des (de + les)		une quiche **aux** légumes, ...
Articles indéfinis	un, une, des	Avant un nom non identifié	**un** conte, ...
Articles partitifs	du, de la, de l'	Désignent une partie d'un tout	**du** sel, ...

Vérifiez que vous avez bien compris la leçon : complétez chaque case de la colonne de droite avec un nouvel exemple.

1 ■ **Soulignez les articles définis, surlignez les indéfinis et encadrez les définis contractés.**

1. Des roses embaument le salon et la cuisine, les fleurs viennent du jardin.
2. L'arc-en-ciel apparut, les cris des enfants retentirent, des curieux arrivèrent près du groupe.
3. Au cours de l'hiver, l'association distribue des repas aux personnes SDF.

2 ■ **Précisez si du est un article partitif ou un article défini contracté.**

1. Vous reprendrez bien du poisson ? ....
2. Les voyageurs descendirent du train. ....
3. Le père de mon amie est parti couper du bois. ....

> On peut reconnaître **un article partitif** en le remplaçant par *un peu de*.

3 ■ **Dites si l'article souligné est indéfini ou défini contracté.**

1. Les feuilles des arbres commencent à tomber. ....
2. J'ai travaillé sur ce projet pendant des mois. ....
3. Il ne connaissait pas le goût des papayes. ....

4 ■ 📖 **J'APPLIQUE POUR LIRE** **Complétez avec les déterminants appropriés.**

Raoul sauta sur .... sable blanc où l'accueillit .... indigène ; ils se saluèrent. .... homme, de haute taille, avait .... carrure magnifique, mais .... moignon[1] qui lui restait .... bras droit et d'où émergeait à nu, de plusieurs pouces, ... os blanchi par .... ans indiquait à .... évidence que .... homme avait fait .... jour .... rencontre d' .... requin, lequel avait mis fin à sa carrière de plongeur.

D'après **Jack London**, *Contes des mers du Sud* (1911) traduit de l'anglais par Louis Postif et Paul Gruyer

1. moignon : ce qui reste d'un membre coupé.

3 Les autres déterminants

ce livre   deux enfants   mon crayon   aucun bruit

Déterminants		Emplois	Exemples
Déterminants possessifs	mon, ton, son, ma, ta, sa, mes, tes, ses, notre, votre, leur, nos, vos, leurs	Désignent le possesseur	mon ami, ...
Déterminants démonstratifs	ce, cet, cette, ces, ce ...-ci, ce ...-là	Désignent ce que l'on montre	ce film, ...
Déterminants indéfinis	quelques, plusieurs, tout, aucun, certain, le même	Indiquent une quantité indéterminée, la totalité, une ressemblance, la négation	quelques objets, ...
Déterminants numéraux	un, deux, trois, premier, dixième	Indiquent une quantité ou un nombre	trois souris, ...

Vérifiez que vous avez bien compris la leçon : complétez chaque case de la colonne de droite avec un nouvel exemple.

---

1 ■ Complétez ces phrases par un déterminant indéfini de la liste.

aucun   tout   quelques   plusieurs

1. Scapin avoue qu'il a .... ennuis avec la justice.
2. .... souhaits ont été réalisés aujourd'hui.
3. J'ai attendu .... l'après-midi.
4. .... motif ne me fera rater cet événement !

2 ■ Classez dans le tableau les déterminants en gras.
1. **Notre** père et **votre** mère habitaient **cette** ville.
2. **Leur** petit-déjeuner a été rapide **ce** matin !
3. Elle a **quatre** enfants et **plusieurs** bambins sont en bas âge.

Déterminants possessifs	Déterminants démonstratifs	Déterminants numéraux	Déterminants indéfinis
....	....	....	....

3 ■ ✏ J'APPLIQUE POUR ÉCRIRE Décrivez votre salle de classe en utilisant deux déterminants démonstratifs, deux déterminants possessifs, un déterminant numéral et un déterminant indéfini.

....
....
....

4 L'adjectif qualificatif et ses degrés

un sac plus **petit** que le mien   la plus **grande** des filles

- L'adjectif qualificatif **précise** le nom auquel il se rapporte ; il s'accorde en **genre** et en **nombre** avec lui.
    une **jolie** jupe   de **beaux** arbres
- On peut modifier le **sens** d'un adjectif avec :
    – un **adverbe d'intensité** (*peu, assez, si, fort...*)
        Elle est peu **rapide**.   Il est assez **grand** pour son âge !
    – un **comparatif d'égalité**   Elle est aussi **calme** que son frère.
    – un **comparatif d'infériorité**   Il est moins **calme** que son frère.
    – un **comparatif de supériorité**   Elle est plus **calme** que son frère.
    – un **superlatif d'infériorité**   Il est le moins **calme** de la classe.
    – un **superlatif de supériorité**.   C'est l'élève la plus **calme** que je connaisse.

> **Vérifiez que vous avez bien compris la leçon : complétez les phrases suivantes.**
>
> 1. Le renard est .... **rusé** que le canard.
> 2. Le dauphin est .... **grand** que la baleine.
> 3. Le lion est un animal .... **fort**.
> 4. L'escargot est .... **lent** des animaux.

1 ● **Ajoutez un adverbe d'intensité pour modifier le sens de l'adjectif en gras.**

1. C'est une .... **petite** girafe.
2. Ce tissu est .... **souple**.
3. Ma tante est .... **gourmande**.
4. Cette boisson est .... **sucrée**.
5. Le cristal est .... **fragile**.
6. Mon chien est .... **rusé** !

2 ● **Dites si ces phrases contiennent un comparatif ou un superlatif. Soulignez-le.**

1. Ce vase est le moins grand de ta collection. ....
2. Il est aussi fort que toi en anglais. ....
3. C'est le plus beau spectacle que j'aie jamais vu. ....
4. C'est le pire résultat que tu aies obtenu cette année. ....
5. Cette brebis est meilleure productrice de lait que celle-ci. ....

3 ● **Soulignez les comparatifs et indiquez leur degré (supériorité, égalité, infériorité).**

1. Les attaques de requin sont plus fréquentes qu'autrefois. ....
2. Cette blague est moins drôle que la mienne. ....
3. Brr, il fait aussi froid qu'hier. ....
4. Le jeu que je viens de découvrir est tout aussi intéressant que l'ancien. ....

4 ▪ **Variez le degré de l'adjectif entre parenthèses en respectant les indications données.**

1. Il a été nommé (*bon*, **comparatif de supériorité**) .... acteur que tous les autres.
2. Ce peintre est (*doué*, **superlatif de supériorité**) .... de sa génération.
3. Cette récolte est (*mauvais*, **superlatif d'infériorité**) .... des dix dernières années.
4. Sa maison neuve est (*moderne*, **comparatif d'infériorité**) .... que la nôtre.

5 ▪ 💬 J'APPLIQUE POUR DIRE **Donnez un adjectif qualificatif de la liste et votre voisin(e) doit le mettre au comparatif (trois degrés) et au superlatif (deux degrés). Puis inversez les rôles.**

court • beau • tendre • bon • laid • froid • nécessaire • joyeux • mauvais • ancien

6 ▪ ✏️ J'APPLIQUE POUR ÉCRIRE **Faites la publicité d'un produit extraordinaire (un stylo qui ne fait pas d'erreurs, un tapis volant, un robot qui range la chambre…) en utilisant deux comparatifs et deux superlatifs.**

....
....
....
....

DÉJÀ FINI ?

JEU 7 **Remettez les lettres dans l'ordre pour trouver des adverbes d'intensité que vous utiliserez pour compléter les phrases.**

TTUO • TTRXEEEEMMN • DTMNEOFNREOP • OTFR • RTSE

1. Nous avons dégusté un .... délicieux gâteau !
2. Ces moules sont .... nouveaux et rendent le démoulage .... facile.
3. Ce tissu est un voile .... léger et souple.
4. Il est .... persuadé d'avoir raison.

DÉFI ! 8 **Comparez ces deux chiens en utilisant le maximum de comparatifs et de superlatifs.** (8 minutes)

....
....
....
....
....

5 Les pronoms personnels

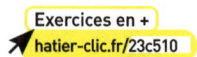

Ils vous voient.   Adam écoute et **il** retient la leçon.

- Les pronoms personnels de la **1ʳᵉ personne** désignent la **personne qui parle** (l'énonciateur). Les pronoms personnels de la **2ᵉ personne** désignent la **personne à qui l'on parle** (le destinataire).
  Je te revois lundi prochain.

- Les pronoms personnels de la **3ᵉ personne remplacent** un mot ou un groupe de mots.
  Ces sports, Luc **les** adore ! (*les* remplace le GN *ces sports*)

- Les pronoms personnels se répartissent en deux groupes :
  – les **pronoms personnels sujets** : *je, tu, il, elle, on, nous, vous, ils, elles* ;
  – les **pronoms personnels compléments** : *me, moi, nous, te, toi, vous, le, la, les, l', lui, leur, elle, elles, eux.*
  Elle nous regarde.   **On** vient chez **toi**.   **Vous nous** manquez.

> **Vérifiez que vous avez bien compris la leçon :
> complétez avec des pronoms qui conviennent.**
> .... aimons notre chien. .... arrive toujours en retard. .... êtes douée !

1 ■ Barrez les mots qui ne sont pas des pronoms personnels.
elle • belle • je • nous • mon • mes • lui • ses • leur • leurs • notre • le • il • la • nos • l' • vous • tu • toi • ton • vos • les • des

2 ■ Précisez ce que remplacent les pronoms personnels en gras dans ces phrases.

1. Je connais très bien ce dentiste et vous **le** recommande. ....

2. Prends ces légumes et mets-**les** au frais. ....

3. Si tu vois ton frère, dis-**lui** que je **vous** emmène, Pauline et toi.

....

3 ■ Soulignez les pronoms personnels sujets et encadrez les pronoms personnels compléments.

1. Il me dit que vous lui proposez de garder ce poisson rouge.

2. Nous leur demandons s'ils viendront.

3. Nous avons fait l'exercice après que le professeur nous a expliqué la leçon.

4 ■ ✏ J'APPLIQUE POUR ÉCRIRE Précisez ces phrases en remplaçant les pronoms personnels en gras par des éléments de votre choix.

1. Il **les lui** apporte dans un grand panier. → ....

....

2. Avant de **le lui** offrir, **elle l'**a mis dans une jolie pochette. → ....

....

6 Les pronoms relatifs

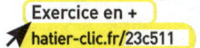

J'adore la façon **dont** tu danses !

- Le pronom relatif **remplace** un **nom** ou un **pronom** appelé **antécédent**.

  J'entends   le chien   qui   aboie.
             antécédent   pron. relatif

- Le pronom relatif (*qui, que, quoi, dont, où, lequel* et ses composés) introduit une **proposition subordonnée relative**.

  Voici   le chemin   [que tu dois prendre].
       antécédent   prop. sub. relative

Vérifiez que vous avez bien compris la leçon : complétez les encadrés.

Il y avait à Bagdad un pauvre porteur qui se nommait Hindbab.

| .... est l'antécédent. | Le pronom relatif est ...... Il remplace .... | La proposition subordonnée relative est .... |

1 ■ **Surlignez les pronoms relatifs et soulignez leur antécédent.**

1. Les cheminées qui fument au loin sont très anciennes.
2. Le roman que je lis évoque la Grande Guerre.
3. Je ne me souviens plus de l'amie dont tu parles.
4. Petit, j'habitais une maison à laquelle j'étais très attaché.

2 ■ **Complétez avec des pronoms relatifs.**

1. J'ai des amis .... sont toujours là pour moi.
2. J'ai des amis .... j'aimerais revoir.
3. J'ai des amis .... je parle souvent.
4. J'ai des amis .... je pense rarement.

3 ■ **Réécrivez les phrases en utilisant un pronom relatif pour éviter les répétitions.**

1. Les enfants vont chez leur tante : la tante les attend. ....
2. J'ai vu un film passionnant, j'ai oublié le titre de ce film. ....
3. Apporte-moi le sel, j'ai rangé le sel dans le placard. ....

4 ■ 📖 **J'APPLIQUE POUR LIRE**   a. **Encadrez les subordonnées relatives.**
b. **Soulignez les antécédents des pronoms relatifs.**

> Ce marais, la plus admirable région de chasse que j'ai jamais vue, était tout le souci de mon cousin qui l'entretenait comme un parc. À travers l'immense peuple de roseaux qui le couvrait [...] on avait tracé d'étroites avenues où les barques plates, [...] passaient.
>
> **Guy de Maupassant**, « Amour » in *Le Horla* (1887)

7 Le verbe

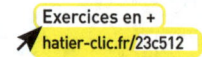

Elles **viendront** demain. Vous **irez** avec lui. Elle **mange** des radis.

- Le verbe sert à indiquer l'**action** que fait le sujet ou à indiquer l'**état** dans lequel il se trouve (grâce à des **verbes attributifs** : *être, devenir, sembler*…).
- Il varie en **personne**, en **temps** et en **mode**.
  Tu **cries** trop fort. Vous **êtes** tous très doués !
- Il appartient à un **groupe** : 1er groupe (*manger*), 2e groupe (*agir*), 3e groupe (*venir*, *prendre*).
- Il existe trois **constructions** pour les verbes d'action :
  – les verbes **transitifs** : suivis d'un COD (**transitifs directs**) ; suivis d'un COI (**transitifs indirects**)   Il **mange** une pomme.   Elle **pense** à son avenir.
  – les verbes **intransitifs** : sans complément d'objet   Mon chien **bave**.
  – les verbes **attributifs** : suivis d'un attribut du sujet.   Elles **paraissent** fatiguées.

Vérifiez que vous avez bien compris la leçon : complétez ce tableau.

	Verbe	Infinitif	Construction	Groupe	Personne	Temps	Mode
Tu grandis vite.							
J'ai cousu ce sac.							

1 ▪ Soulignez le verbe conjugué dans les phrases suivantes.
1. Aujourd'hui, notre équipe de foot rencontre celle de Montigny.
2. Tous les joueurs sont arrivés au gymnase.
3. Les deux équipes revêtent leurs maillots.
4. Le match pouvait enfin commencer.
5. Que le meilleur gagne !

2 ▪ Complétez ce tableau en précisant la construction de chaque verbe.

Phrases	Construction (transitif direct ou indirect, intransitif, attributif)
1. Les élèves jouent aux billes.	
2. La cloche sonne le rassemblement.	
3. Cette maison paraît la plus belle du quartier.	
4. Je cours très vite.	

3 ▪ Faites des phrases de construction différente pour chaque verbe en respectant les instructions.

> Un verbe peut avoir une **double construction** (COD + COI ou deux COI).
> Ex. : *Il demande un crayon à Léa.*

1. *donner* **a.** transitif direct : ....
b. double construction (transitifs direct et indirect) : ....

2. *arrêter* **a.** transitif direct : ....
b. transitif indirect : ....

4 ■ **Soulignez le verbe des phrases et complétez le tableau pour chacun d'eux.**
1. Jan se mit à crier des ordres.
2. Il ferait une tarte aux prunes.
3. Des araignées dormaient au plafond.
4. Elle s'appelle Karla.

Verbe	Infinitif	Construction	Groupe	Personne	Temps	Mode

5 ■ 📖 **J'APPLIQUE POUR LIRE** Observez les verbes en gras et précisez leur construction.

> Patrice **regardait** encore, avec une admiration attendrie, Madeleine quand le docteur Honorat **prit** la parole pour présenter le juge d'instruction au jeune homme. Puis il lui **recommanda** le calme et lui **ordonna** de reprendre, avant tout, possession de ses esprits.
>
> **Gaston Leroux**, *Balaoo* (1911)

regardait : .... prit : ....

recommanda : ....

ordonna : ....

6 ■ ✏️ **J'APPLIQUE POUR ÉCRIRE** Employez les verbes suivants pour décrire la progression d'aventuriers dans la jungle.
progresser • parvenir • sembler • demander • se frayer • craindre • allumer • chasser

....
....
....

DÉJÀ FINI ?

JEU **7** **Vrai ou Faux ?**   Vrai   Faux
1. *Présenter* est un verbe transitif direct et indirect.   ☐   ☐
2. *Rougir* est un verbe transitif.   ☐   ☐
3. *Se nommer* est un verbe attributif.   ☐   ☐
4. *Obéir* est un verbe transitif indirect.   ☐   ☐

DÉFI ! **8** **Complétez ce tableau.**

Lettre	Verbe transitif direct	Verbe transitif indirect	Verbe intransitif	Verbe attributif
A				
D				
P				
R				

8 Les mots invariables

Hier, j'ai trop mangé.   **Zut** ! Je me suis cassé un ongle !

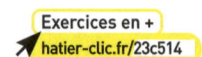

- Les mots invariables sont des mots qui **ne changent pas de forme**.
  comme   ni   sans   enfin   aïe   vraiment
- Il existe cinq types de mots invariables :
  - les **adverbes**   vite, plus, super, vraiment...
  - les **prépositions**   à, dans, par, pour, en, vers...
  - les **conjonctions de coordination**   mais, ou, et, or, ni, car
  - les **conjonctions de subordination**   que, quand, si...
  - les **interjections.**   oh ! youpi !...

**Vérifiez que vous avez bien compris la leçon :
glissez les mots dans le coffre qui convient.**

vite • hors • si • four • lieu • ces • à • hé • sans • sol • trouve • camp • quand

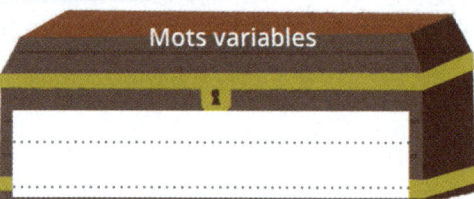
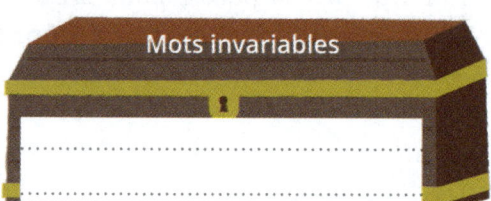

1 ■ **Soulignez les mots invariables.**
1. Oh, comme je suis pressée de te voir aujourd'hui !
2. Il m'a beaucoup manqué pendant ses vacances en Corse.
3. Waouh ! Ce pays est à la fois exotique et fascinant.
4. Je crains qu'il ne soit très fatigué après ce long voyage en avion.
5. L'avion est en retard : nous allons donc devoir encore attendre plus longtemps.

2 ■ **Remplacez l'expression en gras par un adverbe de même sens.**
1. Il présente ses exercices **avec soin** ....
2. Il ne l'a pas fait **de manière volontaire** .... !
3. Il a réfléchi **pendant une longue période** .... avant de dire oui.
4. Ce chevalier a combattu **avec loyauté** ....

3 ■ **Indiquez le sentiment exprimé par les interjections.**
1. Hé ! Tu es déjà là ? ....
2. Ah, le traître ! Il m'a dénoncé à mes parents. ....
3. Ah ! Je savais que j'avais raison. ....
4. Ouf, j'ai fini mon devoir à temps. ....

4 ◻ **Soulignez les mots subordonnants.**
   1. Dès que la nuit tombe, mon chien s'endort.
   2. S'ils sont en retard et que les surveillants s'en aperçoivent, ils doivent aller voir le CPE.
   3. Ils respectent les horaires de sorte qu'ils ne sont jamais punis.
   4. Pierre est sorti afin que je lui montre le jardin.

5 ◻ 📖 **J'APPLIQUE POUR LIRE** **Classez les mots en gras dans le tableau ci-dessous.**

> Robinson sentait la vie **et** la joie qui entraient **en** lui **et** le regonflaient. Vendredi lui avait enseigné la vie sauvage, **puis** il était parti. **Mais** Robinson n'était pas seul. Il avait **maintenant** ce petit frère dont les cheveux [...] commençaient **à** flamboyer au soleil. Ils inventeraient de nouveaux jeux, de nouvelles aventures, de nouvelles victoires.
>
> **Michel Tournier**, *Vendredi ou la Vie sauvage* (1971) © Éditions Gallimard

Adverbes	Prépositions	Conjonctions de coordination
....	....	....
....	....	....

6 ◻ 💬 **J'APPLIQUE POUR DIRE** **En groupe, un(e) élève propose une phrase avec un mot invariable. L'élève suivant(e) enrichit cette phrase avec un autre mot invariable. Et ainsi de suite.**

7 ◻ ✏️ **J'APPLIQUE POUR ÉCRIRE** **Enrichissez les phrases suivantes à l'aide d'une proposition introduite par un mot subordonnant.**
   1. Il se promène sur la plage avec des amis ....
   2. Il a déjà entendu parler de cette légende ....
   3. Elles entendent des bruits étranges ....
   4. Nous rentrons vite chez nous ....

DÉJÀ FINI ?

8 **Complétez ces phrases avec des mots invariables qui conviennent, puis remplissez la pyramide.**
   1. Je ne sais pas .... elle va bien.
   2. Je reviens .... j'ai oublié mon sac.
   3. Je l'aime bien, ... en ce moment, il m'agace !
   4. C'est un .... cadeau !
   5. .... , c'est Noël, j'ai vraiment hâte.

DÉFI ! 9 **Écrivez trois phrases en jouant avec les homophones des conjonctions de coordination *mais*, *or*, *ni*.** (8 minutes)

   Ex. : Le **car** est en retard d'un **quart** d'heure **car** le cardan du **car** s'est cassé.

9 BILAN — Les classes grammaticales

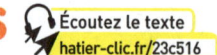

▶ Vérifiez que vous avez bien compris les Fiches 1 à 8 avant de traiter ce bilan.

> Il n'y a ni mer ni sable sur la « plage aux ptérosaures ». C'est le surnom d'un site géologique, à Crayssac. On y trouve une centaine d'empreintes d'animaux datant de 150 millions d'années, dont celles de ptérosaures (**espèce de reptiles volants**). Uniques au monde, elles sont presque intactes. [...] Pour protéger et surveiller ce site, **une « réserve naturelle**
> 5 **nationale géologique »** vient d'être créée. Cela empêchera le vol de fossiles et permettra aux géologues de continuer leurs fouilles.
>
> *Mon Quotidien* n° 5649, 5 août 2015, www.monquotidien.fr © Play Bac Presse

1 Quel GN est désigné par *elles* (l. 4) ? Quelle est la classe grammaticale de ce mot ? 2 POINTS

....

2 Quel GN est désigné par *dont* (l. 3) ? Quelle est la classe grammaticale de ce mot ?
2 POINTS

....

3 Analysez les deux verbes conjugués encadrés. 6 POINTS

Verbe	Infinitif	Construction	Groupe	Personne	Temps	Mode
....	....	....	....	....	....	....
....	....	....	....	....	....	....

4 Recopiez les noms noyaux de chaque groupe nominal en gras. 2 POINTS

....

5 Précisez la classe grammaticale des mots soulignés. 6 POINTS

sur : .... de : .... presque : ....

Crayssac : .... espèce : .... pour : ....

on : .... volants : .... leurs : ....

6 Vous rencontrez une personne qui vous éblouit. Décrivez-la en utilisant un verbe attributif, un nom propre, deux adjectifs qualificatifs, un adverbe et une conjonction de coordination. 6 POINTS

....
....
....
....

JE SAIS IDENTIFIER LES CLASSES GRAMMATICALES

Ma note globale : .... / 24

▶ entre 0 et 8 points : à consolider
▶ entre 9 et 16 points : maîtrisé
▶ entre 17 et 24 points : dépassé

10 La grammaire en JEUX — Les classes grammaticales

▶ Faites ces jeux à votre rythme.

1 INTRUS Barrez les groupes qui ne sont pas des groupes nominaux.

le matin • il vient • le petit frère de mon ami • reviens là • très rapidement • tous les mardis • ne passe pas • une histoire incroyable • reste ici

2 RANGE-MOTS Rangez les mots dans la valise qui convient. Certains peuvent être placés dans plusieurs valises.

histoire • où • mes • sûrement • sans • sens • cent • plus • prix • dont • joie • pour • les • nos • leur • vers • belle • équestre • sur • soi • dépité • bien • assez

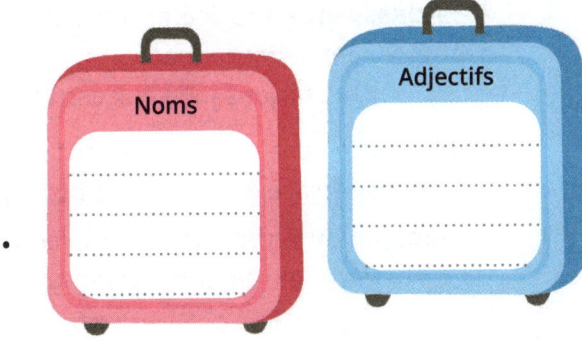

3 PYRAMIDE Trouvez les adjectifs et associez-les avec un nom, en les accordant.

1. égal à zéro : ....
2. pas rapide : ....
3. pesant : ....
4. pas riche : ....
5. drôle : ....

4 MÉLI-MÉLO Remettez en ordre les mots de ces propositions relatives pour compléter les groupes nominaux. qui • où • mon frère • je • dont • roule • à laquelle • le nom • me • que • on • à • j'ai oublié • a attribué • vais • l'électricité • un prix • prête

1. un jeu vidéo ....
2. une voiture ....
3. une sportive ....
4. le collège ....
5. un film ....

DÉFI ! 5 LE PETIT BAC Trouvez un mot pour chaque classe grammaticale commençant par la lettre donnée.  10 minutes

	Noms communs	Noms propres	Adjectifs	Adverbes	Verbes
B					
D					
G					
S					
T					

11 Le sujet

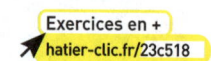

Je lui ai demandé pourquoi ils faisaient cela.

- Le **sujet** est un élément **obligatoire** avec un verbe conjugué (sauf à l'impératif). Il indique **de quoi** ou **de qui** on parle dans la phrase.
- Sa **classe grammaticale** varie : nom, groupe nominal, pronom, infinitif, groupe infinitif, proposition subordonnée.
  Nous avons joué aux cartes.   **Prendre des vacances** me ferait du bien !
- Il est placé généralement **devant le verbe** mais il peut être :
  – **inversé** (placé derrière le verbe)   Viendras-**tu** dîner ce soir ?
  – **éloigné** du verbe par un complément, un pronom ou un groupe nominal.
     Les étoiles, dans le ciel estival, sont étincelantes.

> **Vérifiez que vous avez bien compris la leçon : complétez.**
> 1. Dans la phrase « Où vont-ils ? », ... est le sujet .... du verbe ....
> 2. Nous (*adorer* au présent) .... la mer.

1 ■ Soulignez les sujets des verbes en gras dans les phrases suivantes.

1. Victor Hugo **a écrit** de nombreux romans.
2. **Avez**-vous **aimé** cette pièce de Molière ?
3. Le roman que le professeur nous **a donné** à lire est très long !
4. Passer du temps à me promener dans la forêt **est** appréciable.
5. Celui-ci me **semble** tout aussi passionnant.
6. Lucas et toi **devriez** nous écouter davantage !

> Pour trouver le sujet, posez la question **qui est-ce qui ?** ou **qu'est-ce qui ?** devant le verbe.

2 ■ Surlignez les verbes conjugués et soulignez leur sujet.

1. Penses-tu bien à toutes les solutions possibles ?
2. Tous nos amis étaient réunis, mais elle et lui étaient absents.
3. « Attention ! » s'écrient les passagers.
4. Partir très tôt est une bonne idée, nous profiterons mieux de la journée.
5. Qu'il soit déjà là m'étonne beaucoup.
6. Ainsi s'est achevée cette palpitante série.

3 ■ Complétez les phrases avec un sujet de la classe grammaticale indiquée.
  Ex. : (GN) **La loutre** passe une très grande partie de sa vie dans l'eau.

1. (Pronom) .... ne penses pas assez à ton avenir.
2. (Proposition subordonnée) .... me fâche beaucoup !
3. Dans la classe règne (groupe nominal) ....

4 ■ **Recopiez les sujets et précisez leur classe grammaticale.**

1. Préserver l'environnement est un devoir citoyen.
   ....
2. En Amazonie vivent encore des espèces menacées.
   ....
3. Que les gens laissent couler l'eau aussi longtemps est scandaleux.
   ....
4. « Que pouvons-nous faire d'autre ? » demandèrent-ils tous au conférencier.
   ....

5 ■ 📖 J'APPLIQUE POUR LIRE   **Soulignez les verbes conjugués et surlignez leur sujet.**

> *Un ballon dirigeable vient de s'écraser avec ses passagers au bord de la mer.*
>
> Les naufragés, s'aidant les uns les autres, parvinrent à se dégager des mailles du filet. Le ballon, délesté de leur poids, fut repris par le vent et disparut dans l'espace.
>
> La nacelle avait contenu cinq personnes, plus un chien, et le ballon n'en jetait que quatre sur le rivage.
>
> **Jules Verne**, *L'Île mystérieuse* (1874)

6 ■ ✏️ J'APPLIQUE POUR ÉCRIRE   **Imaginez une suite immédiate au texte de l'exercice 5. Utilisez cinq sujets de classes grammaticales différentes dont un sujet inversé et une proposition subordonnée.**

....
....
....
....

DÉJÀ FINI ?

JEU **7** **Résolvez cette charade. Puis utilisez le mot trouvé dans deux phrases où il sera sujet inversé, puis sujet séparé du verbe par un complément.**

Mon premier est une conjonction de coordination. ....
Mon deuxième est un rongeur. ....
Mon troisième protège les mains en hiver. ....
Mon tout est un phénomène météorologique. ....

....
....

DÉFI ! **8** **Complétez ces phrases avec un sujet de la liste. Écrivez toutes les possibilités.** ⏱ 5 minutes

qu'il soit heureux • toi et moi • son frère et toi • eux et toi • tu • elle

1. Vas- .... à Paris ?
2. .... me convient.
3. .... arriverez quand ?
4. ...., la semaine dernière, sommes allés danser.

12 L'attribut du sujet

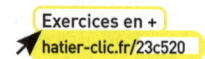

L'univers est **un espace infini**. Nous sommes **timides**.

- L'attribut du sujet **indique une qualité du sujet.** Il **s'accorde** avec le sujet.
  Le roi Arthur semblait **impatient** de trouver le Graal.
  sujet   attr. du sujet

- L'attribut du sujet est introduit par un **verbe attributif** : *être, paraître, sembler, demeurer, rester, s'appeler, devenir, avoir l'air, naître, mourir...*

- C'est un élément de la phrase qui **ne peut pas être supprimé.**

- Il peut être un adjectif qualificatif, un groupe nominal (GN), un infinitif (ou groupe infinitif).
  Il reste **calme**.   Elle semble **croire Enzo**.
        adj.   gr. infinitif

> **Vérifiez que vous avez bien compris la leçon : complétez le tableau avec les éléments des phrases.**
>
> 1. Les arbres sont des végétaux.
> 2. Mon plus grand plaisir est de partager un bon repas.
>
> | Sujet | Verbe attributif | Attribut du sujet | Classe de l'attribut |
> |---|---|---|---|
> | .... | .... | .... | .... |
> | .... | .... | .... | .... |

1 ▪ **Soulignez les attributs du sujet.**

1. Nos vacances à la mer ont été fantastiques.
2. Les enfants semblent joyeux, mais ils sont fatigués.
3. Ce petit chien s'appelle Prince.

2 ▪ **Soulignez les attributs du sujet et indiquez leur classe grammaticale.**

1. Les hommes sont fiers car leur victoire reste miraculeuse. ....
2. Le vrai bonheur est de faire attention aux autres. ....
3. Chaque fois, tu passes pour une personne impolie. ....

3 ▪ **Complétez ces phrases avec un attribut du sujet de la classe grammaticale demandée.**

1. Il a l'air (**adjectif qualificatif**) ....
2. J'ai toujours rêvé d'être (**nom**) ....
3. Cette équipe reste (**GN**) ....
4. Vous semblez (**groupe infinitif**) ....
5. Ces vacances m'ont paru (**adjectif qualificatif**) ....
6. Ma voisine s'appelle (**nom propre**) ....
7. Le plus évident était (**groupe infinitif**) ....

4 ■ **Complétez les phrases avec l'un des attributs du sujet proposés.**

menacée • prendre soin • Manon • primordial • maîtriser • très jeune

1. Notre priorité est de .... des espèces protégées et de ....
nos ressources.
2. Cette planète est .... Prendre conscience de la situation est ....
3. Elle s'appelle .... et paraît ....

5 ■ **Soulignez les sujets et accordez les attributs du sujet.**

1. Ces activités sont plutôt (*manuel*) ....
2. La géométrie et le calcul sont (*passionnant*) ....
3. Étudier l'origine des mots est (*important*) ....
4. Ces deux filles passent pour être très (*doué*) .... en informatique.

6 ■ 📖 **J'APPLIQUE POUR LIRE** Soulignez les attributs du sujet de ce texte et donnez leur classe grammaticale.

> Les vents sont mes soupirs, les vents sont mes baisers,
> Je suis le souffle, l'air, et vous êtes la flamme,
> Et vous êtes pareils aux charbons embrasés,
> Quand, l'été, mes soupirs ont passé sur votre âme.
>
> **Jean Lahor**, « Le poème », in *L'Illusion* (1875)

7 ■ ✏️ **J'APPLIQUE POUR ÉCRIRE** Écrivez à votre tour une strophe à la manière du poème de l'exercice 6. Vous commencerez par *Le soleil est* ou *La pluie est*.

....
....
....
....

8 ■ 💬 **J'APPLIQUE POUR DIRE** Donnez un verbe attributif (parmi ceux proposés) et un(e) autre élève construit deux phrases avec des attributs du sujet de classes grammaticales différentes. Puis inversez les rôles.

devenir • avoir l'air • demeurer • être • s'appeler • passer pour

DÉJÀ FINI ?

JEU **9** **Barrez les verbes qui ne peuvent pas être suivis d'un attribut du sujet.**

espacer • maîtriser • être • nager • devenir • naître • paraître • régner • sembler • siéger • demeurer • faire • battre • rester • donner • avoir l'air • passer pour • s'exclamer • s'appeler • se fier • remettre • se nommer

DÉFI ! **10** **Trouvez des attributs du sujet commençant par chaque lettre de l'alphabet.** ⏱ 10 minutes

Ses amis sont : ....
....
....

13 Les compléments d'objet

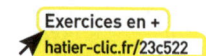

Nous faisons **une randonnée**.   Tu parles **à ton père**.

- Le complément d'objet apporte des **informations** au verbe qu'il complète. C'est un complément qu'on ne peut **pas supprimer** ni **déplacer**.
- Il peut s'agir d'un **nom**, d'un **groupe nominal**, d'un **pronom**, d'un **infinitif** ou d'une **proposition subordonnée**.
- On distingue le **COD** qui complète **directement** le verbe, sans préposition, et le **COI** relié au verbe par une préposition.

    Tu sais **chanter**.   J'aimerais **que tu m'aides**.   Il obéit **à son frère**.
    COD (infinitif)   COD (prop. sub.)   COI (GN)

- Certains verbes sont suivis de **deux compléments d'objet** : COD + COI ou COI + COI.

    Ces livres,   elle   **les**   prête   **à mon amie.**
                           COD (pron.)   COI (GN)

> **Vérifiez que vous avez bien compris la leçon : complétez.**
>
> Il explique les exercices à sa sœur.
>
> « Les exercices » est le .... du verbe « .... » ; « à sa sœur » est le .... du .... « explique ».

1 ▪ Soulignez les compléments d'objet.

1. Aussitôt, Tom mit sa veste.
2. Elle téléphone à sa mère.
3. Nous visitons la tour Eiffel à Paris.
4. Ils jouent souvent aux cartes le soir.
5. Il hésite à partir en vacances.
6. Vous pensez qu'il va faire beau.
7. Ils se demandent si Lila viendra.
8. Il prend son courage à deux mains.

> Pour trouver le COD, posez après le verbe la question **qui ? /quoi ?** Et pour le COI, **à qui/à quoi ?** ou **de qui/de quoi ?**

2 ▪ Soulignez les COD et surlignez les COI.

1. Elle nettoie la table du jardin.
2. Il parle de son frère.
3. Je le vois.
4. Il ne pensait pas tomber malade.
5. Elle a décidé de ne pas partir.
6. Je rêve de vacances !

3 ▪ Soulignez les compléments d'objet et donnez leur classe grammaticale.

1. Je veux une glace à la vanille.
2. Je sais que je suis trop impatiente.
3. Elle l'entend souvent.
4. Il aime beaucoup lire.
5. Elle nous a retiré tous nos bonbons !

> Le complément d'objet peut être un **pronom**, placé avant le verbe : Il **lui** parle (= Il parle à…).

4. Classez les expressions soulignées dans le tableau.

1. J'ouvre la porte.
2. Vous l'avez avoué à votre ami ?
3. Nous vous le proposons.
4. Tu prends des médicaments.
5. Je fais de la confiture.
6. Cette attitude est considérée comme insultante.
7. Il s'appelle Jean.
8. Ils viennent de la voir.
9. Ce chien paraît craintif.
10. Elle a dédié cette chanson à son frère.

COD	COI	Attribut du sujet

5. Complétez ces phrases avec les compléments demandés.

1. L'infirmière fleurit (**COD, GN**) ....
2. Elle s'empresse (**COI, groupe infinitif**) ....
3. J'annonce (**COD, proposition subordonnée + COI, GN**) ....
4. Elle (**COI, pronom personnel**) .... téléphone.

6. 📖 J'APPLIQUE POUR LIRE — Soulignez trois COD et surlignez deux COI.

> – [Chez vous], chacun appartient à tous les autres, n'est-ce pas ? […]
> Lenina, détournant toujours la tête, fit un signe affirmatif, expira la bouffée d'air qu'elle avait retenue et réussit à en inspirer une autre, relativement polluée.
> – Eh bien, ici, reprit l'autre, nulle n'est censée appartenir à plus d'une personne.
>
> **Aldous Huxley**, *Le Meilleur des mondes* (1932), traduit de l'anglais par Jules Castier © Pocket

7. 💬 J'APPLIQUE POUR DIRE — Racontez ce que vous faites le matin avant d'arriver au collège. À chaque phrase votre voisin devra dire si elle contient un COD ou un COI. Puis inversez les rôles.

DÉJÀ FINI ?

8. Trouvez dans la grille six compléments d'objet que vous utiliserez pour compléter les phrases.

1. Je n'ai pas apprécié cette ....
2. Elle s'attendait à une meilleure ....
3. Aide-moi à .... ce
4. Passe- .... le

S	A	U	C	E	P
E	E	I	H	X	O
L	O	A	J	G	R
M	Q	T	U	L	T
A	D	H	L	J	E
N	O	T	E	W	R

9. Trouvez un COD et un COI pour chaque verbe.

1. Je joue (**COD**) .... Je joue (**COI**) ....
2. Je pense (**COD**) .... Je pense (**COI**) ....
3. Il cherche (**COD**) .... Il cherche (**COI**) ....
4. Tu proposes (**COD**) .... Tu proposes (**COI**) ....

 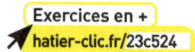

14 Les compléments circonstanciels de temps, de lieu et de cause

Hier, à Nice, j'ai raté mon train **en raison des embouteillages**.

- Les compléments circonstanciels (CC) **enrichissent la phrase** dans son ensemble. Le plus souvent, ils peuvent être **déplacés** ou **supprimés**.
- Le complément circonstanciel donne des informations.
  – Le CC de **temps** (CCT) apporte une précision sur l'époque, la durée, le moment.
  – Le CC de **lieu** (CCL) apporte une précision sur le lieu (où l'on est, où l'on va…).
  – Le CC de **cause** (CCC) explique l'origine d'un fait ou d'une action.
- Sa classe grammaticale peut être : groupe nominal, adverbe, groupe infinitif, pronom, proposition subordonnée.

<u>Au magasin de bricolage</u>, il a attendu <u>longtemps</u> <u>à cause d'un retard de livraison</u>.
    CCL (GN)   CCT (adverbe)   CCC (GN)

> **Vérifiez que vous avez bien compris la leçon :**
> **soulignez les CC de lieu, de temps et de cause.**
>
> Depuis des années, nous fêtons mon anniversaire chez mes grands-parents
>
> puisqu'ils habitent à côté.

---

1 ■ **Soulignez les compléments circonstanciels de temps, encadrez ceux de lieu et surlignez ceux de cause.**

> Pour trouver un CCT, posez la question **quand** ? Pour un CCL, posez la question **où** ? Pour un CCC, posez la question **pourquoi** ?

1. Après son triomphe, il est rentré chez lui.
2. En raison des intempéries, la réunion qui devait avoir lieu en plein air est reportée à la semaine prochaine.
3. Elle vient souvent parce qu'elle habite dans le quartier.
4. Dès que le vent se lève, les cigales se taisent, dans les broussailles.
5. Il a affronté ses concurrents au gymnase pendant le championnat parce qu'il était parmi les finalistes.

2 ■ **Soulignez les compléments circonstanciels et reliez-les à leur fonction.**

1. Nous passerons par Paris. •
2. Nous sommes partis vers Annecy. •
                                           • CC de temps
3. Ne fais pas ton jogging par ce temps ! •
4. Par endroits, le papier se décolle. •
                                             • CC de lieu
5. Par ta faute, j'ai été punie. •
6. Il n'a pas fait son devoir par négligence. •
                                           • CC de cause

3 ■ Recopiez les compléments circonstanciels, identifiez-les et donnez leur classe grammaticale.

1. Chaque jour, je prends le bus au même arrêt.

....

2. Demain, comme il fera beau, nous pourrons déjeuner dehors.

....

3. Puisque j'ai oublié mes clés, j'ai dû faire mon travail en salle de permanence.

....

4 ■ Complétez ces phrases en respectant les indications données.

1. (**GN, CCT**) .... je rencontre une amie (**adverbe, CCL**) ....

2. (**proposition subordonnée, CCC**) .... je ne peux pas me baigner (**adverbe, CCT**) ....

3. (**CCT, groupe infinitif**) .... ferme les volets, (**CCC, GN**) ....

4. Nous sommes partis (**CCL, GN**) .... (**CCT, GN**) ....

5 ■ 📖 **J'APPLIQUE POUR LIRE** Soulignez les compléments circonstanciels de temps et surlignez ceux de lieu.

> On causait peu dans le wagon. D'ailleurs le sommeil allait bientôt gagner les voyageurs. […] Une heure après le départ du train, la neige tomba – neige fine, qui ne pouvait, fort heureusement, retarder la marche du convoi. On n'apercevait plus à travers les fenêtres qu'une immense nappe blanche, sur laquelle, en déroulant ses volutes, la vapeur de la locomotive paraissait grisâtre.
>
> Jules Verne, *Le Tour du monde en quatre-vingts jours* (1872)

6 ■ ✏️ **J'APPLIQUE POUR ÉCRIRE** Sur une feuille à part, racontez un voyage en train ou en voiture. Utilisez des compléments circonstanciels de lieu, de temps et de cause.

DÉJÀ FINI ?

JEU 7 Parmi les groupes en gras, barrez ceux qui ne sont pas des compléments circonstanciels.
1. **Demain**, nous ferons **nos valises**.
2. **Ici**, vous pourrez faire du sport **quotidiennement**.
3. Ils sont restés **grâce à toi**.
4. Fais **attention** à ne pas blesser **ton frère par inadvertance**.
5. Nos parents viendront **demain à la campagne**.

DÉFI! 8 Imaginez un slogan choc pour défendre un coin de verdure de votre quartier menacé de disparition. Utilisez des compléments circonstanciels de temps, de lieu et de cause.

....

....

15 Les compléments circonstanciels de moyen, de manière et de but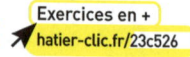

Je pars **à vélo**, **rapidement**, **pour rendre visite à Chloé**.

● Le complément circonstanciel de :
– **moyen** (CCMo) précise par quel moyen l'action est faite ;
– **manière** (CCMa) précise de quelle manière (comment) l'action se fait ;
– **but** (CCB) indique le but à atteindre.

J'écris **avec un stylo**. Elle traverse **prudemment**. Elle a accepté **pour te rendre service**.
  CCMo (GN)   CCMa (adverbe)   CCB (groupe infinitif)

Sur la classe grammaticale des compléments circonstanciels ▶ Fiche 14

> **Vérifiez que vous avez bien compris la leçon : complétez.**
> Ils ont réussi leurs examens (**CCMa, adverbe**) ....
> (**CCMo, GN**) ....

1 ■ **Précisez la fonction des compléments soulignés.**

1. Nous sommes repartis en voiture <u>afin de vous rejoindre</u>.
....
2. J'ai bien compris, j'y vais <u>rapidement</u>.
....
3. Elles sont rentrées <u>en voiture</u> de peur d'avoir froid.
....
4. Ils sont venus <u>avec gentillesse</u> pour l'aider.
....

> Posez la question **au moyen de quoi ?** pour trouver un CCMo ; **de quelle manière ?** pour trouver un CCMa ; **dans quel but ?** pour trouver un CCB.

2 ■ **Formez des adverbes de manière à partir des adjectifs suivants.**

1. grand : ....
2. doux : ....
3. réel : ....
4. poli : ....
5. amer : ....
6. vif : ....
7. fréquent : ....
8. suffisant : ....
9. violent : ....

3 ■ **Soulignez les compléments circonstanciels et reliez-les à leur fonction.**

1. Il est venu sans se presser. •
2. Il est parti en bateau. •
3. Elle s'exprime avec aisance. •   • CC de manière
4. Il arrive pour t'aider. •   • CC de but
5. Ce tableau a été peint avec une éponge. •   • CC de moyen

4 ■ **Soulignez et identifiez chaque complément circonstanciel. Notez sa classe grammaticale.**

1. Mon père a coupé cette branche avec une scie.
....
2. Je viendrai pour te faire plaisir.
....
3. Nous ferons le trajet sereinement à vélo.
....
4. L'acrobate travaille sans filet.
....

5 ■ **Complétez les phrases suivantes avec les compléments circonstanciels et les classes grammaticales demandés.**

1. Mélangez le sucre et les œufs (**CCMo, GN**) ....
2. Ajoutez la farine et la levure (**CCB, proposition**) ....
....
3. Faites fondre le beurre et le chocolat (**CCMa, GN**) ....
4. Versez-les dans la pâte en remuant (**CCB, groupe infinitif**) ....
....
5. Faites cuire pendant 45 minutes (**CCMa, adverbe**) ....

6 ■ 📖 J'APPLIQUE POUR LIRE **a. Soulignez deux adverbes formés sur des adjectifs.**

> *Le narrateur retourne voir, après la guerre, un homme qui plantait des arbres.*
>
> Il ne s'était pas du tout soucié de la guerre. Il avait imperturbablement continué à planter. [...] Le spectacle était impressionnant. J'étais littéralement privé de paroles et, comme lui ne parlait pas, nous passâmes tout le jour en silence à nous promener dans la forêt. [...] Tout était sorti des mains et de l'âme de cet homme – **sans moyens techniques** [...]. On imagine bien cependant que, **pour une réussite semblable**, il a fallu vaincre l'adversité.
>
> **Jean Giono**, *L'Homme qui plantait des arbres* (1953) © Éditions Gallimard. www.gallimard.fr

b. Donnez la classe grammaticale et la fonction des expressions en gras.

....
....

7 ■ 💬 J'APPLIQUE POUR DIRE **Vous devez convaincre un groupe d'amis de vous rejoindre pour une randonnée en montagne. Utilisez des CCMo, CCMa et CCB de classes grammaticales différentes.**

DÉJÀ FINI ?

JEU **8 Charade**

Mon premier est la femelle du sanglier. → ....
Mon deuxième est la 7ᵉ lettre de l'alphabet. → ....
Mon troisième est le préfixe de *redire*. → ....
Mon quatrième ne dit pas la vérité. → ....
Mon tout est un adverbe de manière. → ....

DÉFI ! 9 Trouvez des adverbes de manière commençant par chacune de ces lettres. ⏱ 5 minutes

b : ....   p : ....
e : ....   q : ....
f : ....   s : ....
i : ....   v : ....
m : ....

16 L'épithète

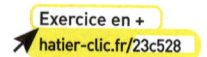
Exercice en +
hatier-clic.fr/23c528

un **gros** merle **noir**

- L'épithète est un adjectif qualificatif (ou un participe passé employé comme adjectif) qui **précise un nom**. Elle fait partie des expansions du nom. Elle peut être **supprimée**.
  Ma **grande** règle **transparente** est cassée.   Ma règle est cassée.

- L'adjectif épithète se place directement **devant** ou **derrière** le nom auquel il se rapporte. Le sens de l'épithète peut changer selon sa place. une sale histoire   un pantalon sale

- Plusieurs épithètes peuvent se rapporter au même nom et une épithète peut se rapporter à plusieurs noms.
  un arbre **grand** et **feuillu**   une table et une chaise **assorties**

> **Vérifiez que vous avez bien compris la leçon : complétez.**
>
> Les jeunes et nouveaux collégiens étaient invités à un repas.
>
> Les épithètes sont : .... Elles sont épithètes du nom ....

1 ■ **Soulignez les adjectifs épithètes.**

1. Durant les dernières vacances, nous sommes allés en Bretagne.
2. La chambre de ma petite sœur est peinte en jaune pâle.
3. Nous avons visité un grand château rénové.
4. Les voyageurs épuisés sont ravis de s'arrêter dans cette petite auberge chaleureuse.
5. Au petit matin, un vent glacial se leva sur la ville endormie.

> Pour trouver une épithète, cherchez le **nom noyau** du GN et vérifiez s'il est précédé ou suivi d'adjectifs qualificatifs.

2 ■ **Insérez ces adjectifs épithètes dans des groupes nominaux de votre invention.**

Ex. : usée → une veste usée

1. métallique : ....
2. géniale : ....
3. rouges : ....
4. aromatiques : ....
5. truculente : ....
6. aiguisé : ....

3 ■ **Remplacez les adjectifs épithètes par un complément du nom de même sens.**

1. une journée estivale : ....
2. la clarté lunaire : ....
3. une décoration florale : ....
4. une vache normande : ....
5. un oiseau nocturne : ....
6. un plan urbain : ....

4 ■ **Remplacez les propositions subordonnées relatives par des épithètes de même sens.**

1. un danger qu'on ne voit pas → un danger ....
2. un homme qu'on ne peut pas vaincre → un homme ....
3. une histoire que l'on ne peut pas croire → une histoire ....
4. une plante qui vit dans l'eau → une plante ....

5 ◼ **Complétez ces noms par le nombre d'épithètes demandé.**

1. (**deux épithètes**) une .... vague ....
2. (**deux épithètes**) un .... monsieur ....
3. (**trois épithètes**) de .... montgolfières .... et ....
4. (**deux épithètes**) un sac .... et ....
5. (**quatre épithètes**) un caméléon .... et ....

6 ◼ 💬 **J'APPLIQUE POUR DIRE** **Décrivez le héros ou l'héroïne de votre choix avec le maximum d'épithètes.**

7 ◼ 📖 **J'APPLIQUE POUR LIRE** **Soulignez les adjectifs épithètes et surlignez le nom qu'ils précisent.**

> Malheureusement il s'agissait cette fois d'un petit vautour que ses parents avaient abandonné. C'était une horrible petite bête, avec sa grosse tête aux yeux exorbités, ses lourdes pattes maladroites, et ce petit corps tout nu et tordu comme celui d'un infirme. Il ouvrait largement son énorme bec et le tendait en piaillant chaque fois qu'on s'approchait de lui.
>
> Michel Tournier, *Vendredi ou la Vie sauvage* (1971) © Éditions Gallimard

8 ◼ ✏️ **J'APPLIQUE POUR ÉCRIRE** **Imaginez une maison hantée. Faites-en une description angoissante en utilisant au moins huit épithètes.**

....
....
....
....
....
....

DÉJÀ FINI ?

JEU **9** **Trouvez l'épithète cachée dans les lettres en désordre.**

1. une BELIPMÉTNARÉ .... forêt de sapins.
2. une GRÉÈEL .... trace.
3. une invention NNNTTÉAEO ....
4. une blague ÉOEIALNDSTP ....

DÉFI ! **10** **Donnez trois épithètes qui pourraient compléter chaque groupe nominal.** ⏱ *5 minutes*

1. un spectacle : ....
2. une fleur : ....
3. un film : ....
4. un jeu vidéo : ....
5. un lieu : ....

17 Le complément du nom

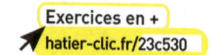

une bague **en or**   l'escalier **de bois**

> ● Le complément du nom (CDN) est un groupe de mots qui **précise un nom**. Il fait partie des expansions du nom, comme l'épithète. ▶ Fiche 16
> une envie **de jouer**   un pantalon **à pinces**
>
> ● Il est relié au nom noyau du groupe nominal par une **préposition** (à, de…). Il fait donc partie de ce groupe nominal.
>
> ● Il peut appartenir à différentes **classes grammaticales** : nom, groupe nominal, infinitif.
> une tarte aux pommes   le bonnet de mon cousin   un besoin de s'évader
>   nom   GN   infinitif
>
> **Vérifiez que vous avez bien compris la leçon :
> soulignez les compléments du nom.**
> J'aime les films d'action.   Les vacances d'été se terminent.   C'est un spectacle à voir.

1 ● **Soulignez les compléments du nom.**
la fin des cours • un coffre en bois • la joie de vivre • une soupe aux carottes • la chasse aux sorcières • un roman à suspense • un film d'aventures • un crayon à papier • un bracelet en titane

> Pour trouver un CDN, il faut poser la question **à qui ?/ à quoi ?** ou **de qui ?/ de quoi ?/en quoi ?** derrière un nom et non un verbe.

2 ● **Ajoutez à ces phrases un complément du nom.**

1. Il souhaite fabriquer un costume ....
2. Il veut s'habiller en corsaire ....
3. Sa mère lui a cousu un pantalon ....
4. Ils ont consulté un livre sur les bateaux ....
5. Il a même confectionné un drapeau ....

3 ● **Identifiez puis recopiez les compléments des noms en gras et précisez leur classe.**

1. Nous apprenons des **mots** à la prononciation complexe. ....
2. Vous préparez de grands **panneaux** en carton. ....
3. Je dois lire des **textes** de Molière. ....
4. Noah voulait des **énigmes** à résoudre. ....

4 ● **Mettez entre crochets les groupes nominaux contenant un complément du nom et soulignez ce dernier.**

1. Maya a offert un beau cadeau de Noël à son fils.
2. Il a une grande envie de sillonner les rues du quartier.
3. Il parle de cette expédition à longueur de journée.
4. Cette exposition est à la disposition du public à la Cité des sciences.

5 ▪ **Remplacez les adjectifs épithètes soulignés par des compléments du nom.**

1. un bulletin trimestriel : ....
2. la viande bovine : ....
3. les parfums provençaux : ....
4. une porte métallique : ....
5. une ambiance festive : ....

6 ▪ 📖 **J'APPLIQUE POUR LIRE** **Soulignez les compléments du nom et surlignez les épithètes.**

> *Le narrateur revient dans le quartier de Nice où il a passé son enfance.*
>
> Le soleil ruisselait sur les façades des immeubles, sur les balcons, allumait des étincelles sur les grands panneaux vitrés. Le vent tiède de l'automne agitait les feuilles des haies, et le feuillage des plantes d'agrément dans les jardins des résidences, car c'étaient maintenant des plantes sages aux couleurs voyantes.
>
> **J. M. G. Le Clézio**, *Villa Aurore* (1985) © Éditions Gallimard

7 ▪ ✏️ **J'APPLIQUE POUR ÉCRIRE** **Décrivez votre chambre idéale (réelle ou imaginaire) en utilisant des compléments du nom que vous soulignerez ensuite.**

....
....
....
....
....

DÉJÀ FINI ?

JEU **8** **Les noms et compléments du nom ont été mélangés. Redonnez à chaque nom le complément du nom qui convient.**

1. une étoile ~~à rayures~~ → une étoile ....
2. une chemise ~~de mer~~ → une chemise ....
3. une bouteille ~~d'araignée~~ → une bouteille ....
4. un moulin ~~au chocolat~~ → un moulin ....
5. une toile ~~de jus d'orange~~ → une toile ....
6. un gâteau ~~à vent~~ → un gâteau ....

DÉFI ! **9** **Trouvez le plus de compléments du nom possible aux noms suivants.** (6 minutes)

1. papier ....
2. spectacle ....
3. meuble ....
4. randonnée ....
5. livre ....
6. robe ....

18 La subordonnée relative

*Le chien **qui aboie** vient souvent dans mon jardin.*

- La proposition subordonnée relative **complète un nom**. C'est une expansion du nom qui comporte un **verbe conjugué**.
    *Je regarde le film **que préfère ma tante**.*

- Elle est introduite par un **pronom relatif** qui reprend le nom complété : *qui, que, quoi, dont, où, lequel* et ses composés.
    *Le livre **dont tu parles** m'est inconnu.*

- La fonction d'une subordonnée relative est celle d'un adjectif qualificatif : **épithète** du nom complété.
    *Je me souviens de ton ami **qui est venu chez nous**.*
    nom   épithète du nom *ami*

> **Vérifiez que vous avez bien compris la leçon : soulignez les subordonnées relatives.**
>
> Nous avons des amis qui arrivent.   L'histoire que je raconte est réelle.

1. Reliez les propositions entre elles pour que les phrases aient un sens.

1. Il a bien aimé ce village •
2. Il connaît ce lac de montagne •
3. Nous allons au cirque •
4. J'attends la salade •
5. Il a un humour •
6. Elle préfère le thé •

• que j'ai commandée.
• auquel personne ne résiste.
• qui est parfumé.
• dans lequel il a passé ses vacances.
• dont le chapiteau est dressé.
• où la baignade est autorisée.

2. Soulignez les subordonnées relatives qui complètent les mots en gras.

1. Le **spectacle** auquel vous allez assister restera dans les mémoires.
2. C'est **Louna** qui raconte et **toi** qui écoutes.
3. La **solution** que tu as trouvée était ingénieuse.
4. L'**anecdote** à laquelle il fait allusion est véridique.
5. Leur capitaine s'approcha de l'**arbre** près duquel il s'était réfugié.

3. Complétez avec le pronom relatif qui convient.

1. Le public a applaudi cette pièce .... je te recommande.
2. C'est un arrangement .... on ne s'attendait pas.
3. J'ai acheté la bougie parfumée .... tu m'as parlé.
4. Vous prendrez un car .... vous conduira au théâtre.
5. L'appartement .... nous vivons est assez sombre.

4 ◼ **Soulignez les subordonnées relatives et remplacez-les par un adjectif épithète.**

Ex. : un objet qui ne se voit pas : invisible

1. Ce gâteau qui vient de Bordeaux est excellent. ....
2. Nina a un sourire auquel on ne peut résister. ....
3. Il a découvert un parchemin que personne ne connaissait. ....
4. L'âne est un animal qui mange de l'herbe. ....
5. C'est une réponse à laquelle je ne m'attendais pas. ....

5 ◼ **Complétez ces phrases à l'aide d'une subordonnée relative.**

lequel   auquel   que   dont

1. C'est un ami sur ....
2. Les textes .... sont intéressants.
3. L'exil .... est terrible.
4. Il dénonçait la pauvreté ....

6 ◼ 📖 **J'APPLIQUE POUR LIRE** **Soulignez les subordonnées relatives et surlignez les noms qu'elles complètent.**

> « Ô jeune adolescent, éclaire-moi sur l'histoire de ce lac dont les poissons sont colorés, et aussi sur ce palais, sur lequel règne le plus grand mystère, et sur ta solitude qui est cause de tes larmes », implora le sultan dont la curiosité était grande.
>
> D'après « Histoire du pêcheur et du génie », in *Les Mille et Une Nuits*, traduit de l'arabe par Antoine Galland

7 ◼ 💬 **J'APPLIQUE POUR DIRE** **Donnez un groupe nominal et un(e) autre élève doit le compléter avec une subordonnée relative. Puis inversez les rôles. Sélectionnez un des thèmes suivants ou un autre thème de votre choix : un palais merveilleux, un personnage de livre, votre meilleur(e) ami(e).**

DÉJÀ FINI ?

JEU **8** **Remettez en ordre les mots de ces propositions relatives pour compléter les groupes nominaux.**

qui • à mon frère • dont • roule • auquel • le nom • que • on • j'ai oublié • a attribué • à l'électricité • un prix • je prête

1. un jeu vidéo ....
2. une voiture ....
3. un film ....
4. une fleur ....

DÉFI ! **9** **Complétez ces groupes nominaux avec le maximum de subordonnées relatives en variant les pronoms relatifs.** ⏱ 10 minutes

1. Le chien ....
2. La table ....
3. Le rêve ....
4. La musique ....

19 MÉTHODE : Identifier les classes et les fonctions grammaticales

ÉTAPE 1
✓ Je différencie la classe et la fonction

▶ La **classe grammaticale** d'un mot est sa **nature**, son « identité ».

Mots variables (changent de forme : masc., fém. ; sing., plur.)		Mots invariables (toujours la même forme)	
Déterminants	un/une/des, le/la/les	Adverbes	demain, là-bas
Noms	ami, amie, amis	Prépositions	à, de, en, vers
Adjectifs qualificatifs	jeune, grande, petits	Conjonctions de coordination	mais, ou, et
Pronoms	lui, elle, eux	Conjonctions de subordination	que, quand
Verbes	(ils) dansent	Interjections	oh ! zut !

▶ La **fonction grammaticale** d'un mot est son **rôle** dans la phrase, son « métier ».

ÉTAPE 2
✓ Je repère la place du mot dans la phrase

▶ **Déterminant ou pronom ?**
– *le, la, les, l', leur* sont des **déterminants** s'ils sont placés devant un nom.
   Le voisin tond **la** pelouse.
– *le, la, les, l', leur* sont des **pronoms** s'ils sont placés devant un verbe.
   Le voisin **la** tond le soir.

▶ **De quel complément s'agit-il ?**
– Le **complément du nom** (CDN) est toujours placé après un autre nom.
   un couteau **à beurre**
– Le **complément d'objet** (CO) suit généralement le verbe (sauf lorsqu'il s'agit d'un pronom). Je regarde **la télévision**. Je **la** regarde.
– L'**attribut du sujet** est placé après le verbe attributif (*sembler, être, avoir l'air…*).
   Ces enfants paraissent **heureux**.
– Le **complément circonstanciel** (CC) n'a pas de place fixe dans la phrase.
   Hier, j'ai raté le bus **parce que j'étais en retard**.

ÉTAPE 3
✓ Je détermine la classe et la fonction d'un mot ou d'un groupe de mots

▶ Pour trouver la **classe** d'un groupe de mots, je cherche le **mot noyau**.
▶ Pour trouver la **fonction** d'un mot ou d'un groupe de mots, je pose une **question** liée à un verbe ou à un nom ou bien je regarde la **place** du mot ou du groupe de mots.

Classe grammaticale	Fonction grammaticale
• Le mot noyau d'un **groupe nominal** est un **nom**. • Le mot noyau d'un **groupe verbal** est un **verbe**. • Le mot noyau d'un **groupe infinitif** est un **infinitif**.	• **Sujet** : *qui* + verbe ? • **COD** : sujet + verbe + *quoi/qui* ? • **COI** : sujet + verbe + *à/de qui* ou *quoi* ? • **Attribut du sujet** : derrière un verbe attributif • **CC** : phrase + *quand/où/pourquoi…* ? • **CDN** : nom + *à/de… qui* ou *quoi* ? • **Épithète** : adjectif qualificatif lié à un nom

JE VÉRIFIE QUE J'AI BIEN COMPRIS

1 **a.** Soulignez les noms, encadrez un adverbe et surlignez une préposition.

Kate court au marché puis à la poste.

b. Indiquez le sujet et un CCL en précisant les questions qui vous ont aidé(e) à les trouver.

....
....

J'APPLIQUE LA MÉTHODE

2 Indiquez si les mots en gras sont des déterminants ou des pronoms. Précisez la place du mot.

> Posez la question qui vous aide à trouver la **fonction**.
> Ex. pour la phrase 2 :
> *Il a demandé **à qui** ?*

1. **Les** élèves savent que le surveillant **les** cherche.

....

2. **Vous** a-t-il demandé de faire **l'**exercice ?

....

3 Indiquez la classe grammaticale des mots soulignés et donnez-en la fonction en précisant quel mot ils complètent.

1. Ils aiment passionnément les romans <u>d'aventure</u>. ....

2. Il a désobéi <u>à ses parents</u>. ....

3. <u>Elle</u> a apprécié <u>son cadeau d'anniversaire</u>.

....

4. <u>Aujourd'hui</u> elles semblent <u>heureuses</u>.

....

4 Complétez les phrases par des mots de la fonction demandée en respectant la classe grammaticale indiquée.

1. Noah pensait souvent (**COI, groupe infinitif**) .... pour se rapprocher de sa famille.

2. Elliott (**COD, pronom personnel**) .... a demandé (**COI, GN**) ....

3. Je suis (**attribut du sujet, adjectif**) ...., il fait un froid (**épithète, adjectif**) ....

5 Donnez la classe et la fonction des mots en gras.

> En dernier lieu la médecine **l'**avait tenté, et **il** s'était mis au travail [...]. Il était **exalté**, intelligent, changeant et tenace, plein d'utopies et d'idées **philosophiques**.
>
> **Guy de Maupassant**, *Pierre et Jean* (1888)

l' : ....
il : ....
exalté : ....
philosophiques : ....

20 BILAN Les fonctions

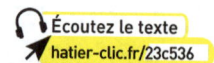Écoutez le texte
hatier-clic.fr/23c536

▶ Vérifiez que vous avez bien compris les Fiches 11 à 18 avant de traiter ce bilan.

> À huit heures, les préparatifs de voyage étaient achevés. Moko, dont le dévouement ne reculait devant aucun danger, se réjouissait **d'accompagner Briant**.
> Tous deux s'embarquèrent, munis de quelques provisions et armés d'un revolver et d'un coutelas. Après avoir dit **adieu à leurs camarades**, [...] ils eurent **bientôt** disparu **au milieu des ombres de Family lake**[1]. Au coucher du soleil, une **petite** brise s'était levée, qui resta **favorable** pour la traversée de l'ouest à l'est. La nuit était très **obscure**.
>
> Jules Verne, *Deux Ans de vacances* (1888)
>
> 1. Family lake : nom donné par les enfants au lac.

1 Que désigne le pronom personnel *ils* (l. 4) ? Quelle est sa fonction ? 2 POINTS

....

2 Recopiez trois compléments du nom. 3 POINTS

....

3 Soulignez le sujet des verbes encadrés. 3 POINTS

4 Donnez la fonction précise des expressions en gras en complétant ce tableau. 9 POINTS

Expressions	Fonctions
d'accompagner Briant	
adieu	
à leurs camarades	
bientôt	
au milieu des ombres de Family lake	
petite	
favorable	
obscure	

5 Imaginez en quelques lignes la suite du texte : Briant et Moko accostent à l'est du lac. Vous emploierez trois compléments circonstanciels différents, un attribut du sujet, deux COD, un COI et un sujet inversé. 7 POINTS

....
....
....
....
....

JE SAIS IDENTIFIER LES FONCTIONS

Ma note globale : .... / 24

▶ entre 0 et 8 points : à consolider
▶ entre 9 et 16 points : maîtrisé
▶ entre 17 et 24 points : dépassé

21 La grammaire en JEUX — Les fonctions

▶ Faites ces jeux à votre rythme.

1 QUIZ Cochez les phrases correctes.

1. ☐ Le sujet est toujours placé avant le verbe.
2. ☐ L'attribut du sujet peut être un adjectif qualificatif.
3. ☐ Le COD et le COI sont des compléments d'objet.
4. ☐ Les CC de temps répondent à la question « Où ? ».
5. ☐ Les CC de manière sont toujours des adverbes.
6. ☐ L'attribut du sujet apporte des précisions sur le sujet.

2 CHARADE

Mon premier permet d'entrer dans une pièce. ....
Mon deuxième ne dit pas la vérité. ....
Mon troisième est le contraire de *tard*. ....
Mon tout est un nom commun. ....
Utilise mon tout dans une phrase où il sera CCL : ....

3 MÉLI-MÉLO Rangez les expressions en gras dans le bon sac.

1. **Nous** ne connaissons pas **cette ville**.
2. **Hier**, elle s'est confiée **à ses amies**.
3. Ces robes paraissent **démodées** mais semblent **plaire**.
4. Bientôt viendront **les beaux jours**.
5. Elles **le lui** ont raconté **dans la cour**.

Attribut du sujet | COD | COI | CC | Sujet

4 GRILLE Trouvez dans cette grille six mots qui vous permettront de compléter les phrases. Précisez chaque fois leur fonction ou celle du groupe introduit.

1. Les élèves entrent dans la ....
2. Ils sont repartis ....
3. Je ne viendrai pas à cause de ma ....
4. .... c'était ouvert, je suis entré. ....
5. Je ne resterai pas .... longtemps. ....

L	À	R	I	O	S
E	T	E	D	Q	O
M	I	I	R	X	E
M	N	H	C	F	U
O	B	L	T	J	R
C	L	A	S	S	E

5 REMUE-MÉNINGES Barrez les mots qui ne peuvent pas être des pronoms personnels compléments, puis utilisez les mots restants dans des phrases en précisant leur fonction.

monjeleparvotrevoustonensuitejourleuristudesmesmetuildanscesluiununeduauteonnotreau

1. ....   3. ....
2. ....   4. ....

22 Les types de phrases

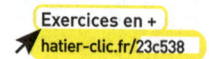

J'ai tout compris.   Ferme la porte.   Viendras-tu ?

Toute phrase appartient à l'un des trois types suivants.

● La **phrase de type déclaratif** transmet une information. Elle se termine par un point.
   J'ai trouvé une bague.

● La **phrase de type interrogatif** pose une question. Elle se termine par un point d'interrogation.
   – L'interrogation **totale** porte sur toute la phrase : on peut répondre par « oui » ou « non ».
   – L'interrogation **partielle** comprend un mot interrogatif et porte sur un élément de la phrase.
      Veux-tu de l'eau ? (interrogative totale)
      Quel est ton nom ? (interrogative partielle)

● La **phrase de type impératif** donne un ordre, un conseil ou une interdiction. Elle se termine par un point.
      Vous devez venir tout de suite.   Viens ici.

> **Vérifiez que vous avez bien compris la leçon : transformez cette phrase déclarative en phrase interrogative puis en phrase impérative.**
> Vous me faites rire. → .... → ....

---

1 ■ **Indiquez le type de chacune de ces phrases.**

1. Nous avons une chance d'arriver à l'heure ? ....
2. Il est grand et mince. ....
3. Vous ne devez pas ouvrir cette fenêtre. ....
4. Vous devriez vous laisser tenter par cette glace. ....

*Pour trouver le type d'une phrase, regardez la **ponctuation**, mais demandez-vous aussi quel est son **sens**.*

2 ■ **Transformez ces phrases déclaratives en phrases interrogatives totales.**

1. Nora est partie au Brésil. → ....
2. Ce film te plaît. → ....
3. L'avion de Londres a atterri. → ....
4. Il a commencé son jeu vidéo. → ....

3 ■ **Indiquez si ces interrogatives sont totales ou partielles.**

1. Est-ce que tu as rencontré quelqu'un ? ....
2. Que fais-tu ? ....
3. Pourquoi n'est-il pas là ? ....
4. T'ennuies-tu parfois ? ....
5. Que désirez-vous ? ....
6. Viendrez-vous demain ? ....

4 ■ **Transformez ces phrases en interrogatives partielles qui porteront sur les mots en gras.**

Ex. : Il est arrivé **hier**. → **Quand** est-il arrivé ?

1. Lucas habite **près de la gare**. → ....
2. **Lucas** habite près de la gare. → ....
3. Ce pull vaut **vingt euros**. → ....
4. Tom n'a pas appelé **parce qu'il n'a plus de batterie**. → ....

5 ■ **Transformez les phrases suivantes en phrases interrogatives, puis impératives.**

1. Tu as pensé à acheter du riz.

....

2. Il a pris mon sac noir.

....

3. Nous l'attendons pour dîner.

....

6 ■ 💬 **J'APPLIQUE POUR DIRE** Donnez une phrase déclarative ou impérative et un(e) autre élève doit la transposer en phrase interrogative totale et partielle. Puis inversez les rôles.

7 ■ ✏️ **J'APPLIQUE POUR ÉCRIRE** Rédigez un court texte selon la situation suivante. **Vous tenez un stand sur un marché où vous vendez un sirop qui augmente l'intelligence. Vous vantez les mérites de votre produit. Variez les types de phrases.**

....
....
....
....
....

DÉJÀ FINI ?

JEU 8 Inventez une phrase du type demandé à partir de la situation proposée.

1. Déclaratif (*Un animal inattendu traverse la rue.*) ....
2. Impératif (*Un extraterrestre vous parle.*) ....
3. Interrogatif (*On vous fait une demande impossible.*) ....

DÉFI ! 9 Formez cinq phrases interrogatives à partir de la phrase donnée. (8 minutes)

Pauline et moi allons faire des courses au marché demain.

1. ....
2. ....
3. ....
4. ....
5. ....

23 Les formes de phrases négative et exclamative

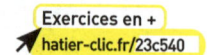

Il n'y a plus de pain.   Il y a trop de pain !

- La phrase de **forme négative** comporte une négation
  (*ne... pas, ne... jamais, ne... que, ni... ni..., ne... rien*).
  Je **ne** vois **rien**.

- La phrase de **forme exclamative** se termine obligatoirement par un point d'exclamation. Elle sert à exprimer un sentiment.
  Tu es déjà là ! (surprise)   Fais vite ! (impatience)   Tu m'exaspères ! (colère)

- Tous les **types de phrases** peuvent être mis aux **formes négative** et/ou **exclamative**.
  Il n'y a plus ni eau ni pain ! (type déclaratif + formes négative et exclamative)

> **Vérifiez que vous avez bien compris la leçon :
> mettez cette phrase à la forme exclamative puis négative.**
>
> Ce canapé est très beau.

1 ▪ **Indiquez la forme de ces phrases. Attention, une de ces phrases a plusieurs formes.**

1. Allez, dépêche-toi !
2. N'as-tu rien oublié ?
3. Il ne prend donc jamais de petit déjeuner !

2 ▪ **Mettez ces phrases aux formes négative et exclamative.**

1. Ces joueurs ont toujours de la chance. →
2. Il a acheté des choses pour le dîner. →
3. Vous aimez le foot. →

3 ▪ **Précisez le type et la forme de ces phrases.**

1. Comme tu as grandi !
2. Ne sourit-elle jamais ?
3. Je ne reviendrai pas !

4 ▪ **Complétez par les adverbes de négation appropriés.**

1. Je ___ ai _____ pris l'avion.
2. Cet appareil _____ fonctionne _____ avec des piles.
3. Je ne supporte _____ le froid _____ la pluie.

5 ▪ ✏️ **J'APPLIQUE POUR ÉCRIRE** Sur une feuille à part, rédigez des règles et conseils pour se présenter à l'élection des délégués de la classe. Utilisez des phrases de type impératif et de formes négative et exclamative.

24. La phrase à la forme passive

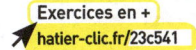

Les naufragés **sont secourus** par un paquebot.

- Dans une phrase à la **forme active**, le sujet fait l'action.
  Dans une phrase à la **forme passive**, le sujet subit l'action.
  Le chat mange la souris. (forme active : le sujet *le chat* fait l'action de manger)
  La souris est mangée par le chat. (forme passive : le sujet *la souris* subit l'action d'être mangée)

- Pour passer de la forme active à la forme passive, on transforme le COD en **sujet** et ce sujet devient **complément d'agent**. Ce complément est introduit par *de* ou *par*.

La tempête	a dévasté	cette région.
sujet	verbe (à l'actif)	COD

Cette région	a été dévastée	par la tempête.
sujet	verbe (au passif)	compl. d'agent

> **Vérifiez que vous avez bien compris la leçon :**
> **mettez cette phrase à la forme passive et soulignez les sujets.**
>
> Paul a renversé la table. → ....

1. Surlignez les phrases à la forme passive.

1. L'arbre a été déraciné par l'ouragan.
2. La neige est tombée.
3. Je suis bien arrivée.
4. Les enfants sont accompagnés de leurs parents.
5. Elle fut invitée par des amis.
6. Elle n'est pas encore revenue.

2. Indiquez si la phrase est à la forme passive ou active.

Dans une phrase passive, le verbe est conjugué avec l'auxiliaire être.

1. Le discours du maire a été applaudi par toute la salle. ....
2. Le vent a soulevé les tuiles du garage. ....
3. La banque a été cambriolée hier soir par des malfaiteurs. ....
4. Il a pris quelques photos de sa fenêtre. ....

3. Transformez ces phrases à la forme passive.

Ex. : Le facteur distribue le courrier. → Le courrier **est distribué** par le facteur.

1. Les touristes remplissaient la ville. → ....
2. La foudre a touché l'arbre. → ....
3. De hautes murailles entourent le château. → ....

4. Transformez ces phrases à la forme active.

1. Les enfants ont été piqués par des moustiques. → ....
2. Un collège sera inauguré demain par le maire. → ....
3. Ils furent reconnus par des passants. → ....
4. Cette maison est hantée par des fantômes. → ....

25 La phrase simple et ses constituants

J'ai entendu du bruit dans le salon.

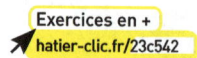

- Une phrase simple ne comporte qu'**un seul verbe conjugué**.
  Une tempête de neige **est attendue** en Bretagne.

- Elle est composée au minimum d'un **sujet** et d'un **verbe** ou d'un **groupe verbal** (constitué d'un verbe et de compléments essentiels).
  <u>Elle</u> attend. <u>Ils</u> ont regardé le film ensemble.
  sujet verbe sujet groupe verbal

- Une phrase simple peut aussi comporter des **compléments circonstanciels**. ▶ Fiches 14 et 15
  Mon chien mange ses croquettes le matin.
  　　　　　　　　　　　　　　　　CC de temps

- Une phrase **non verbale** ne comporte pas de verbe conjugué.
  Avis de tempête de neige en Bretagne.

> **Vérifiez que vous avez bien compris la leçon :
> encadrez le verbe, soulignez le sujet et surlignez deux compléments.**
> En Grèce, les Jeux olympiques sont créés en 775 avant J.-C.

1 ■ **Surlignez le sujet et soulignez le groupe verbal dans ces phrases.**

1. Le 9 mars 1860, à onze heures du soir, dans le Pacifique Sud, le *Sloughi* fait naufrage.
2. À bord, quinze enfants survivent au naufrage.
3. Pour survivre, ils doivent compter sur leur courage et leur force de caractère.

2 ■ **Soulignez les verbes conjugués et dites si les phrases sont verbales ou non verbales.**

1. Quentin, où as-tu mis tes clés ?
2. Merci du renseignement !
3. Nous les apercevons.
4. Sur la table !

3 ■ **Transformez ces phrases verbales en phrases non verbales.**

Ex. : Un seul exemplaire de ce bijou existe. → Existence d'un seul exemplaire de ce bijou.

1. Les Phéniciens ont créé l'alphabet. →
2. J'ai acheté un stylo plume. →
3. Les Romains ont repris l'alphabet grec. →

4 ■ **Barrez les éléments qui ne sont pas indispensables pour que la phrase ait un sens.**

1. Nous observons l'océan depuis une heure.
2. Notre planète semble fragile au point de vouloir la préserver.
3. Comment as-tu encore réussi cette fois-ci ?
4. Redonne-moi confirmation de notre rendez-vous pour demain.

5 ■ **Soulignez les sujets, encadrez les groupes verbaux et surlignez les compléments circonstanciels.**

1. Après expertise, nous vous certifions la valeur de ce tableau.

2. Nous pouvons observer la signature du peintre en bas du tableau.

3. Le roi est représenté avec son sceptre et sa couronne.

6 ■ 📖 J'APPLIQUE POUR LIRE **Soulignez une phrase non verbale et transformez-la en phrase verbale. Surlignez une phrase simple dans le texte.**

> *Échoués sur une île déserte, des hommes organisent leur survie. Ils fabriquent un corral (un enclos) pour mouflons.*
>
> Le corral terminé, il s'agissait d'opérer une grande battue au pied du mont Franklin, au milieu des pâturages fréquentés par les ruminants. Cette opération se fit le 7 février, par une belle journée d'été. Elle fut fatigante, cette journée de chasse ! Que de courses et contre-courses, que de cris proférés ! Sur une centaine de mouflons qui furent rabattus, plus des deux tiers échappèrent aux rabatteurs.
>
> **Jules Verne**, *L'Île mystérieuse* (1875)

Phrase non verbale transformée en phrase verbale :

....

....

7 ■ ✏️ J'APPLIQUE POUR ÉCRIRE **Construisez des phrases selon le schéma indiqué.**

Ex. : CC • sujet • groupe verbal : Le soir tombé, ce chat sort.

1. sujet • groupe verbal • CC : ....

2. CC • sujet • groupe verbal : ....

3. CC • sujet • groupe verbal • CC : ....

DÉJÀ FINI ?

JEU **8** **Retrouvez dans la grille cinq mots d'au moins quatre lettres et constituez une phrase simple avec eux.**

Mots trouvés : ....

....

Phrase simple : ....

E	L	L	I	F	T
R	L	O	M	N	E
N	R	L	E	E	L
O	V	I	E	I	R
U	V	U	O	U	I
S	B	C	D	V	Q

DÉFI ! **9** **Constituez deux phrases à partir des éléments mélangés. Signalez la phrase verbale et la phrase non verbale.**

⏱ 4 minutes

par • quelle • étions bloqués • découverte • la • nous • extraordinaire • neige

1. ....

....

2. ....

....

26 La phrase complexe : juxtaposition et coordination

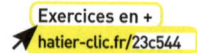

J'**attends** Sami : il **arrive** ce soir.   Je **bois** car j'**ai** soif.

- Une **phrase complexe** comprend au moins **deux verbes conjugués**.
- Elle contient **autant de propositions** que de **verbes conjugués**.
  J'**attends** mon frère,   il **a** du retard   et c'**est** dommage.
     prop. 1   prop. 2   prop. 3
- Des propositions peuvent être reliées par **juxtaposition** grâce à un signe de ponctuation (virgule, point-virgule, deux-points).
  Je n'**attendrai** pas plus longtemps, je **suis** pressée.
- Des propositions peuvent être reliées par **coordination** grâce à une conjonction de coordination (*mais, ou, et, or, ni, car*) ou un adverbe de liaison (*puis, donc, ensuite...*).
  Il n'**est** toujours pas là, or je l'**attends** depuis vingt minutes.

> **Vérifiez que vous avez bien compris la leçon : complétez.**
>
> 1. Il est venu et il a mangé avec nous.   Les propositions sont reliées par ....
> 2. Il est venu ; il a mangé avec nous.   Les propositions sont reliées par ....

1 ▪ Soulignez les verbes conjugués et précisez si la phrase est simple ou complexe.

1. Les poules picoraient du maïs et les canards nageaient dans la mare. ....
2. L'aigle fondit sur le lapin et l'emporta dans le ciel. ....
3. La sœur cadette tenait de sa mère aussi bien que de son père. ....
4. Poséidon poursuivit de sa colère Ulysse, le héros de la guerre de Troie. ....

2 ▪ Soulignez les verbes conjugués et séparez les différentes propositions (/).

1. Je suis partie pendant trois jours : je me suis bien reposée.
2. Je ne peux pas te parler car il y a trop de bruit.
3. Elle entra en classe, salua les élèves, s'assit au bureau et annonça le titre de la leçon.
4. Elles sont arrivées trop tôt, or le gâteau n'était pas cuit, alors elles sont reparties.

3 ▪ Transformez les deux phrases simples en une seule phrase avec des propositions coordonnées.

Ex. : Il avait sursauté. Il avait eu peur. → Il avait sursauté car il avait eu peur.

1. L'enfant se coucha. Il s'endormit aussitôt.
→ ....

2. Je l'appelai. Il ne vint pas.
→ ....

3. On apporte le gâteau. Paul souffle les bougies.
→ ....

4 ■ **Transformez les deux phrases simples en une seule phrase avec des propositions juxtaposées. Puis entourez le signe de ponctuation utilisé.**

1. Il allait voir la mer. Ses grands-parents l'y emmenaient.

....

2. Je rêve. Je m'évade. ....

3. Ce film était bien. Il aurait pu être moins long. ....

4. Dylan était paralysé de peur. Il venait d'apercevoir une ombre.

....

5 ■ 📖 **J'APPLIQUE POUR LIRE** a. **Soulignez dans le texte les verbes conjugués et séparez les propositions (/).**

> On mange dans la grande cuisine. Agathe, une serviette sur le bras, se tient prête à courir du fourneau vers le placard, du placard vers la table, car elle ne sait guère marcher posément ; elle préfère haleter, le sang aux joues.
> Et elle parle vite, rit trop haut, a trop envie de bien faire.
>
> **Jules Renard**, *Poil de Carotte* (1894)

b. **Recopiez une phrase simple et une proposition coordonnée à la précédente.**

Phrase simple : ....

Proposition coordonnée à la précédente : ....

6 ■ ✏️ **J'APPLIQUE POUR ÉCRIRE** **Racontez un match auquel vous avez assisté. Utilisez des phrases complexes.**

....
....
....
....

DÉJÀ FINI ?

JEU **7** **Répondez à ce quiz, puis créez une phrase à votre tour.**

	Vrai	Faux
1. Une phrase complexe contient au moins deux verbes conjugués.	☐	☐
2. Deux propositions juxtaposées sont reliées par un mot de liaison.	☐	☐
3. « J'arrive et je le fais » est une phrase complexe.	☐	☐
4.	☐	☐

DÉFI ! **8** **Barrez tous les mots qui ne peuvent pas coordonner deux propositions. Utilisez ensuite les mots qui restent dans quatre phrases de votre choix.** ⏱️ 10 minutes

Etmangerparcequedontcarsiavecaprèspourquipuisquejamaisendoncpourquoicomment

1. ....
2. ....
3. ....
4. ....

27 La phrase complexe : subordination

Quand je **suis rentré**, j'**ai trouvé** mon chat sur le radiateur.

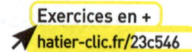

- Des propositions peuvent être reliées par **subordination** grâce à un mot subordonnant (*qui, que, quand, dont, parce que...*).
  Je **crois** qu'il **est** en retard.

- Une **proposition subordonnée** dépend d'une **proposition principale** : elle n'a pas de sens toute seule, mais elle a une fonction par rapport à la principale (complément d'objet ou du nom, complément circonstanciel).
  Tu **crois**   que tu **partiras** lundi ?
  prop. princ.   prop. sub. (COD)

> **Vérifiez que vous avez bien compris la leçon : complétez.**
>
> Vous partirez quand je vous le dirai.
>
> **1.** *Quand* est le ....
>
> **2.** *Vous partirez* est la proposition ....
>
> **3.** *Quand je vous le dirai* est la proposition ....

1 ■ **Reliez chaque proposition principale à sa proposition subordonnée.**

1. J'ignore •
2. La boîte était recouverte de poussière •
3. Mon grand-père pense •
4. Elle regarde le magasin •
5. Il fallait refaire ce mur •

• parce qu'il était en ruine.
• dans combien de temps il arrivera.
• que j'ai commencé à essuyer.
• qui propose des soldes.
• qu'il peut encore faire du trampoline.

2 ■ **Rédigez des propositions principales qui conviennent aux subordonnées suivantes.**

1. .... qui étaient dans mon armoire.
2. .... que je n'ai pas vexé tes parents !
3. .... dès que je reviens de vacances.
4. .... dont elle a besoin.

3 ■ **Rédigez des propositions subordonnées pour compléter les principales suivantes.**

1. ...., je suis tombé.
2. Aïcha entendit un hurlement ....
3. Jean pensa soudain ....
4. ...., elle est venue lui dire au revoir.
5. Je ne suis pas sûre ....

4 ◼ **Soulignez les verbes conjugués, encadrez les mots subordonnants et surlignez les propositions subordonnées.**

1. Quand la cloche sonna, nous courûmes vers le réfectoire.
2. Pierre attend avec impatience que le facteur passe.
3. Je lâchai l'assiette qui explosa en mille morceaux.
4. Comme le train ralentissait, nous vîmes le quai de la gare.

5 ◼ **Transformez ces couples de phrases simples en une phrase complexe, en utilisant le mot subordonnant indiqué.**

1. Le soleil se couche tôt. L'hiver est arrivé. (*parce que*)
   → ....
2. Il vit un autocar. L'autocar se dirigeait vers Rome. (*qui*)
   → ....
3. La marée est basse. Nous nous promenons sur cette plage. (*lorsque*)
   → ....

6 ◼ 📖 **J'APPLIQUE POUR LIRE** **Soulignez les propositions subordonnées et encadrez les mots subordonnants.**

> Tous coururent vers la berge. Le chien en était déjà à plus de vingt pieds, et Cyrus Smith le rappelait vivement, quand une tête énorme émergea de la surface des eaux. Herbert reconnut l'espèce amphibie à laquelle appartenait cette tête conique à gros yeux, que décoraient des moustaches à longs poils soyeux.
>
> **Jules Verne**, *L'Île mystérieuse* (1875)

7 ◼ ✏️ **J'APPLIQUE POUR ÉCRIRE** **Enrichissez le texte suivant avec des propositions subordonnées.**

Il s'approcha de la table. Il prit place au milieu des convives. Il partagea leur maigre souper.

....
....
....

DÉJÀ FINI ?

JEU **8** **Identifiez les propositions de chacune de ces phrases, puis classez-les.**

1. Je te parle du livre dont nous avons discuté hier.
2. J'affirme que c'est un scandale.
3. Je me demande ce que tu veux.
4. Puisque c'est ainsi, je ne viendrai pas.
5. Lorsqu'il vous convoque, il faut venir.

Propositions principales

Propositions subordonnées

28 BILAN — La phrase

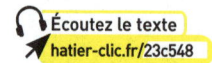

▶ Vérifiez que vous avez bien compris les Fiches 22 à 27 avant de traiter ce bilan.

> Cette canne, digne, grave, rassurante, ressemblait à celles dont se servent les médecins « vieux jeu ».
>
> « Eh bien, Watson, me dit Holmes, quelles conclusions en tirez-vous ? »
>
> Holmes me tournait le dos et rien ne pouvait lui indiquer mon genre d'occupation.
>
> 5 « Comment savez-vous ce que je fais ? Je crois vraiment que vous avez des yeux derrière la tête.
>
> – Non ; mais j'ai, en face de moi, une cafetière en argent, polie comme un miroir. Allons, Watson, communiquez-moi les réflexions que vous suggère l'examen de cette canne. »
>
> **Arthur Conan Doyle**, *Le Chien des Baskerville* (1902), traduit de l'anglais par Adrien de Jassaud

1 Complétez ce tableau. **4 POINTS**

Type et forme	Phrase
....	Je crois vraiment que vous avez des yeux derrière la tête !
....	Je crois vraiment que vous avez des yeux derrière la tête.
Interrogative négative	....
....	Ne croyez pas que vous avez des yeux derrière la tête !

2 Recopiez deux propositions coordonnées et deux propositions juxtaposées. **4 POINTS**

....
....

3 Faites l'analyse de la dernière phrase du texte : soulignez les verbes conjugués, donnez le nombre de propositions et précisez leurs liens. **5 POINTS**

....
....
....

4 Surlignez tous les mots subordonnants. **4 POINTS**

5 Poursuivez ce dialogue en alternant phrases simples et phrases complexes. Variez les types et les formes de phrases. **7 POINTS**

....
....
....
....

JE SAIS IDENTIFIER LES CONSTITUANTS DE LA PHRASE

Ma note globale : .... / 24

▶ entre 0 et 8 points : à consolider
▶ entre 9 et 16 points : maîtrisé
▶ entre 17 et 24 points : dépassé

29 Dictée préparée — Grammaire

▶ Le texte que va vous dicter votre professeur s'appuie sur les notions travaillées dans les **Fiches 1 à 7, 11, 16, 18 et 25**. Vérifiez que vous les avez bien comprises.

JE RÉVISE ET JE PRÉPARE LA DICTÉE

1 Accordez les adjectifs qualificatifs. ▶ Fiches 1 à 4 et 16

1. les yeux (*ouvert*) ....
2. une porte (*vitré*) ....
3. des rideaux (*sale*) ....
4. des lits (*jumeau*) ....

2 Mettez ces verbes à l'imparfait, puis au passé simple. ▶ Fiches 34 et 35

1. apercevoir (*1re pers. du pluriel*) : ....
2. pénétrer (*2e pers. du singulier*) : ....

3 Mettez les verbes entre parenthèses à l'imparfait et accordez-les avec leur sujet. ▶ Fiches 11 et 48

1. Derrière les lits (*disparaître*) .... un berceau en osier.
2. Les lits étaient blancs ; c'(*être*) .... ceux des voisines.
3. Le petit garçon qui (*crier*) .... était mon neveu.

4 Remplacez le mot souligné par le mot entre parenthèses. ▶ Fiches 1, 4 et 46

1. un petit <u>salon</u> sombre (*chambre*) →
2. Elle tenait serré contre elle <u>un ours en peluche</u> (*une poupée*)
   → ....

J'ÉCRIS LA DICTÉE

🎧 Écoutez la dictée
hatier-clic.fr/23c549

....
....
....
....
....
....

JE RELIS MA DICTÉE

▶ **Première relecture** Je cherche les groupes nominaux et je vérifie leurs accords.
▶ **Deuxième relecture** Je cherche les verbes et je vérifie leur accord. Si j'ai un doute, je cherche le sujet.

SE CORRIGER EN BINÔME Je **souligne** mes erreurs dans la dictée et je les **corrige** dans le tableau ci-dessous. En binôme, je réfléchis à ce que je dois **vérifier** pour ne plus les refaire.

LES MOTS CORRIGÉS	COMMENT NE PLUS REFAIRE CES ERREURS

30 MÉTHODE Analyser un verbe

Reportez-vous également à la **Fiche 7**.

✔ Je repère le verbe conjugué

ÉTAPE 1

▸ Un verbe conjugué est encadré par **ne... pas** à la forme négative.
   J'**aime** danser. → Je n'**aime** pas danser.

▸ Un verbe conjugué peut varier en **mode**, en **temps** et en **personne**.
   Je **vais** à l'école. → j'**irai**, tu **allais**, **va** à l'école.

✔ J'identifie le mode, le temps et la personne du verbe conjugué

ÉTAPE 2

▸ Pour identifier le **temps**, j'observe la **forme verbale** :
– si elle ne comporte qu'**un seul mot**, le verbe est à un **temps simple** ;
– si elle comporte **deux mots** (auxiliaire + participe passé), le verbe est à un **temps composé**.
   ils **dormaient** (temps simple : imparfait)
   nous **avons fini** (temps composé : passé composé)

▸ Pour identifier la **personne**, le **temps** et le **mode**, j'observe le **sujet** et la **terminaison** (partie variable). Les enfants écriv**ent**. (3ᵉ pers. du pluriel, présent, indicatif)
   Part**ons** ce soir. (pas de sujet exprimé, 1ʳᵉ pers. du pluriel, présent, impératif)

✔ J'identifie le groupe du verbe

ÉTAPE 3

▸ Connaître le groupe du verbe permet de savoir le **conjuguer** à différents **temps**.
– Infinitif en **-er** (sauf *aller*)   **1ᵉʳ groupe**   essay**er**
– Infinitif en **-ir** (radical en **-iss** au pluriel)   **2ᵉ groupe**   chois**ir** (nous chois**iss**ons)
– Autres verbes   **3ᵉ groupe**   dire, répondre, croire

✔ J'identifie les verbes non conjugués

ÉTAPE 4

▸ L'**infinitif présent** est la forme du verbe qu'on trouve dans le dictionnaire.
▸ Le **participe passé** sert à former les temps composés.
▸ L'**infinitif** et le **participe** sont des modes qui ne se conjuguent pas à différentes personnes.
   aider (infinitif présent)   **avoir aidé** (infinitif passé)
   aidant (participe présent)   **aidé** (participe passé)

J'APPLIQUE LA MÉTHODE

1 ■ **a.** Soulignez les verbes conjugués à un temps simple, surlignez ceux à un temps composé. **b.** Précisez à quelle personne les verbes sont conjugués.

1. Ils ont commencé à jouer. ....
2. Près d'ici coule une rivière. ....
3. Me prêterait-elle ses rollers ? ....
4. Vous étiez déjà arrivés. ....
5. Évidemment, j'ai raison. ....
6. Acceptez ces cadeaux. ....

c. Quel verbe est à l'impératif ?

31 Le présent de l'indicatif et ses emplois

*Je **finis** mes devoirs, puis je **sors**.*

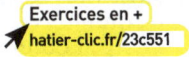
Exercices en +
hatier-clic.fr/23c551

● **Emplois** Le présent sert à évoquer :
– des faits en train de se dérouler (**présent d'actualité**),
  *En ce moment, je **prépare** le repas.*
– des faits vrais en tout temps (**présent de vérité générale**),
  *L'eau **bout** à cent degrés.*
– des **habitudes**, *Je **fais** du théâtre tous les samedis après-midi.*
– une scène vivante dans un récit au passé (**présent de narration**),
  *Le seigneur chassait sur ses terres. Tout à coup, il **entend** un terrible hurlement.*
– un **futur proche** ou un **passé proche**.   *Je **pars** dans dix minutes. / Il **vient** d'arriver.*

● **Conjugaison**

	1er groupe et verbes du type *cueillir*	2e et 3e groupes en *-ir, -oir, -re, -indre, -soudre*	3e groupe		
			autres verbes en *-dre*	verbes en *-ttre*	*valoir, vouloir, pouvoir*
je	-e	-s	-ds	-ts	-x
tu	-es	-s	-ds	-ts	-x
elle	-e	-t	-d	-t	-t
nous	-ons				
vous	-ez				
ils	-ent				

⚠ Les verbes *être, avoir, aller, faire* et *dire* sont **irréguliers**.

> **Vérifiez que vous avez bien compris la leçon : barrez les fausses affirmations.**
> Au présent de l'indicatif :
> 1. Les verbes du 3e groupe prennent toujours un -t à la 3e personne du singulier.
> 2. Seuls les verbes du 1er groupe prennent un -e au singulier.
> 3. On peut exprimer des actions à venir.
> 4. On peut évoquer des habitudes.

1 ● **Ajoutez la bonne terminaison.**

1. il avou......
2. vous rougiss......
3. elle sor......
4. tu jou......
5. nous part......
6. ils grandiss......
7. je peu......
8. il fini......
9. je cri......

2 ● **Conjuguez les verbes au présent de l'indicatif.**

1. je (*plier*)
2. nous (*réussir*)
3. nous (*placer*)
4. il (*dire*)
5. tu (*créer*)
6. vous (*pâlir*)
7. elles (*dormir*)
8. je (*conduire*)
9. nous (*bouger*)
10. vous (*sourire*)
11. tu (*lancer*)
12. elle (*couvrir*)

N'oubliez pas la **cédille** devant *-a/-o/-u* et le *-ge* devant *-a/-o*.

3 ◼ **Conjuguez les verbes au présent et soulignez leur sujet.**

1. Léa et moi (*penser*) .... à toi.
2. Je leur (*demander*) .... leur avis.
3. Il leur (*paraître*) .... épuisé.
4. Elle les (*observer*) .... avec attention.
5. Tes amis et toi (*prendre*) .... de mauvaises habitudes.
6. Ces jouets éparpillés sur le sol (*faire*) .... désordre.

4 ◼ **Reliez chaque phrase à l'emploi du présent qui lui correspond.**

1. Il fait froid ce matin. •
2. Il faut travailler pour réussir. •
3. Pierre se promenait. Soudain, il entend un cri. •
4. Tu es toujours en retard ! •
5. Nous allons rentrer très bientôt. •

• futur proche
• vérité générale
• habitude
• actualité
• narration

5 ◼ 📖 **J'APPLIQUE POUR LIRE** Conjuguez les verbes au présent de l'indicatif.

> Le chevalier (*comprendre*) .... qu'il (*aller*) .... perdre, que tout le monde s'en (*apercevoir*) ...., Guenièvre la première. Emporté par la haine et l'amour, il (*devenir*) .... comme un fou furieux. Il (*sauter*) ...., il (*contourner*) ...., il (*frapper*) .... de tous côtés son adversaire qui (*tenter*) .... de se dérober. Il ne lui en (*laisser*) .... pas le temps. [...] Il (*mener*) .... Méléagant où il (*vouloir*) .... dans la lice.
>
> D'après **Odile Weulersse**, *Les Chevaliers du roi Arthur* (2005) © Pocket Jeunesse

6 ◼ Réécrivez le texte ci-dessus jusqu'à *se dérober* (l. 4) en remplaçant *Le chevalier* par *ils*.

....
....
....

DÉJÀ FINI ?

JEU 7 Retrouvez dans la grille sept verbes conjugués au présent.

1. ....   5. ....
2. ....   6. ....
3. ....   7. ....
4. ....

A	C	O	T	R	V	E	S
I	R	E	N	D	E	Z	N
S	A	M	B	U	L	S	O
T	I	O	C	E	R	P	I
I	N	A	S	U	E	S	R
R	S	D	O	E	R	S	E
E	T	C	A	I	N	D	E
O	Z	O	N	S	A	T	S

DÉFI ! 8 Rédigez un texte sur un thème de votre choix en employant deux verbes du 1ᵉʳ groupe, deux verbes du 2ᵉ groupe, deux verbes du 3ᵉ groupe et deux verbes irréguliers.

⏱ 10 minutes

....
....
....

32 Les difficultés du présent de l'indicatif

Tu appelles. Ils envoient. Nous rejoignons.

Certains verbes présentent des **radicaux différents** selon les personnes au présent.

● **Verbes du 1ᵉʳ groupe**

Verbes en -*eter*, -*eler*	-è et consonne simple au singulier et à la 3ᵉ personne du pluriel (sauf *jeter* et *appeler* qui doublent la consonne)	j'achète, nous achetons ; tu gèles, vous gelez
Verbes en -*oyer*, -*uyer*	-i à la place du -y sauf à la 1ʳᵉ et à la 2ᵉ personne du pluriel	je nettoie, nous nettoyons ; tu essuies, vous essuyez
Verbes en -*quer*, -*guer*	-u tout au long de la conjugaison	j'explique, nous expliquons ; tu navigues, nous naviguons

● **Verbes du 3ᵉ groupe**

Verbes en -*indre*	-gn au pluriel	nous craignons ; ils atteignent
Verbes en -*soudre*	-lv au pluriel	nous résolvons, vous résolvez

Vérifiez que vous avez bien compris la leçon : entourez la forme correcte.
1. j'appelle/j'appèle
2. nous risqons/risquons
3. tu pèles/pelles
4. ils résoudent/résolvent
5. il aboie/aboye

Les **verbes en -*ayer*** peuvent s'écrire avec un -*i* ou un -*y* au singulier et à la 3ᵉ personne du pluriel.

1 ■ **Conjuguez les verbes à la personne demandée.**

1. payer, 1ʳᵉ pers. du sing. : ....
2. appuyer, 3ᵉ pers. du sing. : ....
3. rejeter, 1ʳᵉ pers. du plur. : ....
4. feuilleter, 3ᵉ pers. du plur. : ....
5. projeter, 3ᵉ pers. du sing. : ....
6. dialoguer, 1ʳᵉ pers. du plur. : ....
7. dissoudre, 2ᵉ pers. du plur. : ....
8. atteindre, 1ʳᵉ pers. du plur. : ....

2 ■ **Transposez à la personne du singulier ou du pluriel correspondante.** (Ex. : nous → je)

1. nous rappelons → ....
2. nous achetons → ....
3. vous nettoyez → ....
4. elle restreint → ....
5. tu fais → ....
6. je balaie → ....
7. je distingue → ....
8. tu résous → ....

3 ■ ✏ **J'APPLIQUE POUR ÉCRIRE** **Inventez des phrases avec les verbes proposés. Utilisez chaque fois une personne différente.**

1. employer → ....
2. jeter → ....
3. plaindre → ....
4. renouveler → ....
5. épousseter → ....

33 Le futur simple de l'indicatif et ses emplois

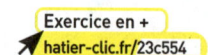

*J'**irai** en Espagne l'été prochain.*

- **Emplois** Le futur simple permet de :
  – situer un **événement dans l'avenir**, Je **m'inscrirai** à la danse à la rentrée.
  – formuler **un ordre** ou **une interdiction**. Tu **rangeras** ta chambre. Tu ne **courras** pas.
- **Conjugaison** Tous les verbes présentent les terminaisons :
  -(r)ai, -(r)as, -(r)a, -(r)ons, -(r)ez, -(r)ont
- **Formation**
  Verbes en **-er** et en **-ir** : infinitif + terminaisons je **chanter**ai, je **finir**ai
  Verbes en **-re** : infinitif sans -e final + terminaisons je **conduir**ai
- **Verbes particuliers**

Verbes doublant le -r	mourir (je mou**rr**ai), courir (je cou**rr**ai), pouvoir (je pou**rr**ai), voir (je ve**rr**ai), envoyer (j'enve**rr**ai), acquérir (j'acque**rr**ai) et leurs composés
Autres verbes	être (je **ser**ai), avoir (j'**aur**ai), aller (j'**ir**ai), savoir (je **saur**ai), faire (je **fer**ai), venir (je **viendr**ai), vouloir (je **voudr**ai), tenir (je **tiendr**ai)

> **Vérifiez que vous avez bien compris la leçon : mettez ces verbes au futur simple.**
> 1. jouer → je ....
> 2. partir → elle ....
> 3. prendre → ils ....
> 4. faire → nous ....

1 ■ **Barrez l'intrus dans chaque série, puis justifiez votre réponse à l'oral.**
  1. tu persévéras • je donnerai • il admettra
  2. nous suivrons • elle perdra • je créai
  3. vous éclairiez • tu apparaîtras • elle placera
  4. nous paierons • il sépara • vous croirez

2 ■ **Entourez le verbe correctement conjugué.**
  1. ils salueront/salueeront
  2. nous appelerons/appellerons
  3. vous mourrez/mourez
  4. je saverai/saurai
  5. tu achèteras/achetteras
  6. elles apprécieront/appréciront
  7. nous nettoyerons/nettoierons
  8. il battera/battra

Les **verbes en -uyer, -oyer** ou **-ayer** perdent leur **-y** devant le **-e**.

3 ■ **Soulignez les sujets, puis conjuguez les verbes au futur simple.**
  1. Je vous (*tenir*) .... pour responsable.
  2. À la rentrée (*arriver*) .... de nouveaux professeurs.
  3. Nous (*retrouver*) .... -vous ?
  4. Tu leur (*envoyer*) .... ce dossier.
  5. Lucie et moi (*faire*) .... bientôt un voyage.
  6. Ils (*jeter*) .... leurs déchets.

4 ■ ✏️ **J'APPLIQUE POUR ÉCRIRE** Que ferez-vous lors de vos prochaines vacances ? Rédigez au futur simple, sur une feuille à part.

34 L'imparfait de l'indicatif et ses emplois

Autrefois, j'**habitais** le sud de la France.

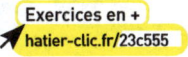
Exercices en +
hatier-clic.fr/23c555

● **Emplois** L'imparfait s'utilise dans des récits au passé pour évoquer :
- des **descriptions**,   Il **faisait** beau.
- des **faits en train de se dérouler**,   Les élèves **travaillaient**.
- des **habitudes passées**,   J'**allais** toujours à l'école à vélo.
- des **faits qui durent**,   Il ne **comprenait** pas.
- des **actions secondaires** par rapport à d'autres exprimées au passé simple.
    Alors que je **dormais**, le téléphone sonna.

● **Formation et conjugaison** Radical de la 1re personne du pluriel au présent
    + **terminaisons**   -ais, -ais, -ait, -ions, -iez, -aient

● **Attention** Le verbe *être* a un radical particulier : j'**ét**ais, nous **ét**ions

> **Vérifiez que vous avez bien compris la leçon : transposez ces formes à l'imparfait.**
> 1. je chante → je ....
> 2. nous finissons → nous ....
> 3. elles sortent → elles ....
> 4. vous écoutez → vous ....

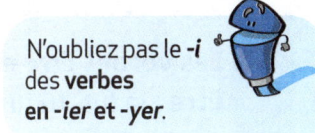
N'oubliez pas le *-i* des **verbes** en *-ier* et *-yer*.

1 ■ **Transposez ces verbes à l'imparfait.**
1. vous essayez → ....
2. je fais → ....
3. il craint → ....
4. tu connais → ....
5. nous travaillons → ....
6. elles remplissent → ....
7. vous pliez → ....
8. elle avance → ....

2 ■ 📖 J'APPLIQUE POUR LIRE   **a. Conjuguez les verbes à l'imparfait.**

> Derrière le château (*s'étendre*) .... un grand verger. Il (*être*) .... clôturé de puissantes palissades. De nombreux arbres y (*croître*) ...., dont un grand pin qui (*se trouver*) .... tout près d'une palissade. Une source (*surgir*) .... de ses racines et (*former*) .... un petit bassin. [...]. Chaque soir, suivant les conseils de Brangien, Tristan (*rejoindre*) .... le grand pin.
>
> D'après *Tristan et Iseut* (XIIe siècle), adapté par F. Deschamps d'après deux traductions modernes de Joseph Bédier et André Mary © Hatier (2016)

b. Justifiez l'emploi de l'imparfait dans ce texte. ....

3 ■ ✏️ J'APPLIQUE POUR ÉCRIRE   « **Près de la fontaine, vivait une vieille femme...** »
Poursuivez ce début de récit à l'imparfait.

35 Le passé simple de l'indicatif et ses emplois

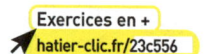

Le naufragé **aperçut** enfin un bateau à l'horizon.

● **Emplois** Le passé simple s'utilise surtout à l'écrit, dans les **récits** au passé.
Il permet d'évoquer des **actions** :
– **délimitées dans le temps**,   Elle y **travailla** pendant dix ans.
– **importantes** et faisant **avancer l'histoire**,   Alors, on **entendit** un cri perçant.
– situées au **premier plan** par rapport à d'autres, secondaires, qui sont à l'imparfait.
J'étais en route quand l'orage **éclata**.

● **Conjugaison**

1er groupe et *aller* → voyelle -a (sauf 3e pers. du plur.)	2e groupe → voyelle -i	3e groupe → voyelle -i ou -u → -in (*venir*, *tenir* et leurs composés)		
-ai	-is	-is	-us	-ins
-as	-is	-is	-us	-ins
-a	-it	-it	-ut	-int
-âmes	-îmes	-îmes	-ûmes	-înmes
-âtes	-îtes	-îtes	-ûtes	-întes
-èrent	-irent	-irent	-urent	-inrent

● **Les verbes *être* et *avoir***
être : je fus, tu fus, elle fut, nous fûmes, vous fûtes, ils furent
avoir : j'eus, tu eus, il eut, nous eûmes, vous eûtes, elles eurent

Vérifiez que vous avez bien compris la leçon : cochez V (vrai) ou F (faux).
Au passé simple :   V   F
1. on peut faire une description.   ☐   ☐
2. il y a un accent circonflexe aux verbes conjugués à *nous/vous*.   ☐   ☐
3. seuls les verbes du 2e groupe ont une terminaison en -*i*.   ☐   ☐
4. il n'y a jamais de terminaison en -*a* au 3e groupe.   ☐   ☐

1 ■ Associez les terminaisons aux radicaux afin de constituer des verbes au passé simple.

-it   -is   -ûtes   -a   -îmes   -urent   -èrent   -ai   -înmes

1. je dans............   4. elles par............   7. vous véc............
2. elle fin............   5. tu perd............   8. nous rev............
3. nous part............   6. il décid............   9. ils apport............

2 ■ Conjuguez au passé simple à la personne demandée.

*Cherchez d'abord le **groupe** du verbe.*

1. tu (*crier*)............   4. je (*finir*)............   7. elle (*vouloir*)............
2. nous (*dormir*)............   5. il (*boire*)............   8. je (*payer*)............
3. elles (*créer*)............   6. vous (*prendre*)............   9. tu (*mettre*)............

3 ◼ **Transposez ces verbes au passé simple.**

1. j'écris → ....
2. vous faites → ....
3. tu cours → ....
4. nous venons → ....
5. elle reçoit → ....
6. je vois → ....
7. vous savez → ....
8. nous devons → ....
9. ils peuvent → ....

4 ◼ **Barrez, puis corrigez les verbes mal orthographiés au passé simple.**
1. Je dis qu'il fallait se dépêcher. **2.** Tu finissas tes devoirs. **3.** Il faisa vite. **4.** Elles conduirent rapidement. **5.** Nous cueillîmes des fleurs. **6.** Je lançais la balle. **7.** Il lit un roman.

....

5 ◼ 📖 J'APPLIQUE POUR LIRE   a. **Conjuguez les verbes à l'imparfait ou au passé simple.**
b. **À l'oral, justifiez vos choix.**

> Jamais journée ne (*paraître*) .... aussi longue à Lancelot. Il (*croire*) .... bien attendre une année avant de voir la nuit tomber. Quand le ciel (*s'assombrir*) ...., il (*faire*) ...... celui qui (*aller*) .... se coucher. Il (*attendre*) .... allongé sur son lit, puis (*se relever*) .... très doucement, heureux de constater qu'il n'y (*avoir*) .... pas de lune et pas de lanternes allumées. Pendant que tout le monde le (*croire*) .... endormi, il (*se rendre*) .... au verger sans être vu.
>
> D'après **Chrétien de Troyes**, *Lancelot ou le Chevalier à la charrette*, traduit et adapté par Pierre-Marie Beaude © Gallimard Jeunesse (2010). www.gallimard.fr

6 ◼ ✏️ J'APPLIQUE POUR ÉCRIRE   a. **Décrivez à l'imparfait la situation présentée sur l'image.**
b. **Imaginez une péripétie au passé simple.**

Lancelot passant le Pont de l'Épée, enluminure (vers 1475), BnF (Paris).

DÉJÀ FINI ?

7 **Conjuguez dans la grille les verbes à la 3ᵉ personne du singulier au passé simple.**

1. produire
2. apercevoir
3. poser
4. croire
5. souffrir

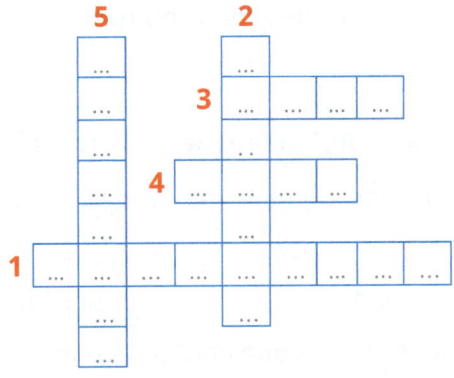

36 La formation des temps composés

*Elle **a gagné** la course ; elle **s'était** bien **entraînée**.*

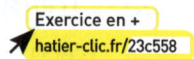

● **Rappels**
– Les temps composés sont formés de **deux mots** :
l'**auxiliaire** *être* ou *avoir* + un **participe passé**.
– **Terminaisons** du participe passé :

Verbes du 1er groupe et *aller* : -é	Verbes du 2e groupe : -i	Verbes du 3e groupe : -i/-u/-s/-t
donn**é**, cri**é**	ag**i**, réuss**i**	sent**i**, s**u**, mi**s**, offer**t**

● **Formation**

passé composé	→ auxiliaire au présent	j'ai couru, je suis allé(e)
plus-que-parfait	→ auxiliaire à l'imparfait	j'avais couru, j'étais allé(e)
futur antérieur	→ auxiliaire au futur simple	j'aurai couru, je serai allé(e)
passé antérieur	→ auxiliaire au passé simple	j'eus couru, je fus allé(e)

**Vérifiez que vous avez bien compris la leçon :
mettez ces verbes au temps composé formé sur le temps simple utilisé.**

1. elle part → ....
2. tu finissais → ....
3. nous prendrons → ....
4. vous arrivâtes → ....

1 ● Indiquez les participes passés des verbes suivants.

1. parler : ....
2. voir : ....
3. dormir : ....
4. dire : ....
5. faire : ....
6. apprendre : ....
7. couvrir : ....
8. vaincre : ....
9. conduire : ....
10. être : ....
11. avoir : ....
12. venir : ....

> Pour savoir s'il y a une consonne muette à la fin du participe passé, on le met au **féminin** en disant *elle est...*
> Ex. : *mettre* → **elle est mise** → **mis**

2 ● Soulignez les verbes conjugués. Précisez leur temps et leur infinitif.

1. Ils étaient partis tôt. ....
2. As-tu compris ? ....
3. Nous aurons peut-être terminé quand tu arriveras.
....
4. Dès qu'elles furent revenues, nous pûmes déjeuner.
....

3 ● Soulignez le verbe déjà conjugué, puis complétez avec le temps composé qui convient.

1. Nous irons au cinéma dès que vous (*ranger*) ....
2. Je pense que tu (*comprendre*) ....
3. Une fois que tu (*finir*) .... , nous pûmes partir.
4. Rien ne fonctionnait alors que nous (*préparer*) .... tout ....

37 Le passé composé de l'indicatif et ses emplois

Nous **avons** trop **dormi**.

- **Emplois** Le passé composé s'emploie à l'**oral**, dans les **dialogues écrits** et les **textes non littéraires** (résumés, journaux, etc.).
  Il indique qu'une action **a eu lieu avant une autre**, généralement exprimée au **présent**. C'est ce qu'on appelle l'**antériorité**.
  Tu **obtiens** une bonne note car tu **as révisé** sérieusement.
      action 2   action 1

- **Formation** Auxiliaire au **présent de l'indicatif** + participe passé
  il **a mangé** ; elles **sont allées**

- **RAPPEL** Avec l'auxiliaire *être*, le participe passé s'accorde avec le sujet.   Ils sont rentr**és**.

**Vérifiez que vous avez bien compris la leçon :
conjuguez ces verbes au passé composé.**

1. recevoir : j'........................
2. tomber : nous ....
3. accepter : il ....
4. devenir : elles ....

L'auxiliaire et le participe passé peuvent être **éloignés** l'un de l'autre.

1 ■ Soulignez les verbes au passé composé. Donnez leur infinitif.

Julie et moi avons décidé de faire construire une maison. Nous avons dû contacter plusieurs entreprises et en avons finalement trouvé une qui nous convenait. Nous avons élaboré des plans, puis nous nous sommes, avec joie, lancés dans ce beau projet !

....

2 ■ Transposez les verbes au passé composé.

1. Je crains sa colère. → ....
2. Elle trébuche et tombe. → ....
3. Pourquoi nous parlez-vous de cela ? → ....
4. Nous sommes furieux de son choix. → ....
5. Croyez-vous ce qu'ils vous disent ? → ....

3 ■ 📖 J'APPLIQUE POUR LIRE   Transposez les verbes au passé composé.

Ils se dirigèrent (........................) en procession vers le bloc de pierre, et, quand ils furent (........................) devant lui, l'archevêque invita (........................) Arthur à prêter serment [...]. Puis Arthur se mit (........................) à genoux, saisit (........................) l'épée et l'enleva (........................) à l'enclume, comme si elle n'y avait jamais été fixée.

D'après **Anne-Marie Cadot-Colin**, *Merlin* © Librairie Générale Française (2009)

4 ■ 💬 J'APPLIQUE POUR DIRE   Racontez votre dernier week-end à votre voisin(e), puis inversez les rôles. Utilisez des verbes conjugués au passé composé.

38 Le plus-que-parfait de l'indicatif et ses emplois

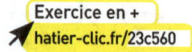

Je pensais que vous **aviez compris**.

- **Emplois** Le plus-que-parfait fait partie des **temps du récit**.
  Il indique qu'une action **a eu lieu avant une autre**, qui est exprimée à l'**imparfait** ou au **passé simple**. C'est ce qu'on appelle l'**antériorité**.
  Il me semblait que je te l'avais dit. / Il exécuta l'ordre qu'on lui avait donné.
    action 2   action 1   action 2   action 1

- **Formation** Auxiliaire à l'**imparfait** + participe passé   tu **avais fini** ; elles **étaient venues**

> **Vérifiez que vous avez bien compris la leçon :**
> **soulignez les formes au plus-que-parfait.**
> 1. elle a donné   2. nous avions cru   3. j'étais descendu   4. tu eus réussi   5. vous aviez fait

1 ■ Conjuguez les verbes au plus-que-parfait.

1. prendre : tu ....
2. dire : ils ....
3. suivre : vous ....
4. rester : elle ....
5. grandir : nous ....
6. entrer : j' ....
7. croire : on ....
8. devenir : elles ....

2 ■ 📖 J'APPLIQUE POUR LIRE Complétez ce texte en conjuguant les verbes au plus-que-parfait.

> Quand Lancelot (*passer*) .... l'anneau de Viviane à son auriculaire, une grande flamme verte l'(*environner*) .... , comme jaillie de son propre corps. Cela (*durer*) .... un instant à peine. Et ses plaies (*se refermer*) .... , un sang neuf (*couler*) .... dans ses veines, son esprit (*retrouver*) .... toute la lucidité de l'éveil.
>
> D'après **Christian de Montella**, *Graal. Le Chevalier sans nom* © Flammarion Jeunesse (2010)

3 ■ Réécrivez la première phrase de l'exercice précédent en remplaçant *Lancelot* par *Lancelot et Perceval*.

....
....

4 ■ Achevez ces phrases incomplètes en utilisant un verbe au plus-que-parfait afin d'exprimer une antériorité.

1. Le soir, je me prélassais quand ....
2. L'enfant commençait un nouveau livre dès que/qu' ....
3. Lorsqu'elle arriva, ils ....
4. Il choisit la première solution que/qu' ....
5. Nous ne savions plus où ....

39 Le futur antérieur de l'indicatif et ses emplois

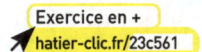

Nous partirons quand nous l'**aurons décidé**.

● **Emplois** Le futur antérieur est un temps composé qui indique que :
– dans l'avenir, une action **a lieu avant une autre** exprimée au **futur simple** (**antériorité**)
  Il se sentira mieux quand il lui aura parlé.
      action 2   action 1
– une action est **achevée**.   J'**aurai terminé** dans dix minutes.

● **Formation** Auxiliaire au **futur simple** + **participe passé**
  elle **aura fini** ; elle **sera rentrée**

> **Vérifiez que vous avez bien compris la leçon : complétez cette phrase en utilisant un futur antérieur pour marquer une antériorité.**
> Nous nous mettrons en route dès que ....

1 ■ **Conjuguez les verbes au futur antérieur.**

Quand nous nous reverrons, à la fin de ton apprentissage, tu (*devenir*) .... un homme. Tu (*quitter*) .... tes habits et (*revêtir*) .... la tenue de chevalier. Ton maître t'(*apprendre*) .... le maniement des armes.

2 ■ **Réécrivez le texte ci-dessus en remplaçant *tu* par *vous* et *ton maître* par *vos maîtres*.**

3 ■ **Dans chaque phrase, conjuguez l'un des deux verbes au futur simple et l'autre au futur antérieur.**

1. Dès que la mer (*redevenir*) .... calme, nous (*pouvoir*) .... nous baigner.
2. Je (*dormir*) .... mieux quand j'(*avoir*) .... mes résultats.
3. Une fois qu'elle (*recevoir*) .... les clefs, elle (*se sentir*) .... chez elle.
4. Ils (*apprécier*) .... le cadeau que tu (*choisir*) ....

> Déterminez dans quel **ordre** se produisent les actions pour savoir à quel temps conjuguer chaque verbe.

4 ■ ✏ **J'APPLIQUE POUR ÉCRIRE** **Imaginez ce que vous aurez accompli dans quinze ans.**

Dans quinze ans, j'aurai ....

40 Le passé antérieur de l'indicatif et ses emplois

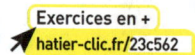
Exercices en +
hatier-clic.fr/23c562

*Dès qu'il **fut rentré**, nous le saluâmes.*

- **Emplois** Le passé antérieur est un temps composé qui indique qu'une action **a eu lieu avant une autre** exprimée au **passé simple** (**antériorité**).
  Quand il <u>eut fini</u>, il <u>cria</u> de joie.
     action 1   action 2
- **Formation** Auxiliaire au **passé simple** + **participe passé** du verbe
  nous **eûmes compris** ; nous **fûmes restés**

> Vérifiez que vous avez bien compris la leçon :
> encadrez les verbes au passé antérieur.
> 1. j'aurai terminé
> 2. ils eurent mangé
> 3. elle fut partie
> 4. nous avons partagé
> 5. vous fûtes allés
> 6. tu auras écrit

1 ◼ Conjuguez au passé antérieur.

admettre				devenir			
j'		nous		je		nous	
tu		vous		tu		vous	
elle		ils		il		elles	

2 ◼ Transposez les verbes au passé antérieur.

1. je craignis →
2. il eut →
3. nous montâmes →
4. elles grandirent →
5. vous battîtes →
6. tu tombas →
7. elle découvrit →
8. nous fîmes →
9. je fus →
10. tu voulus →

3 ◼ Dans chaque phrase, conjuguez l'un des deux verbes au passé simple, l'autre au passé antérieur. Réfléchissez à l'ordre des actions.

1. Je le (*rassurer*) .... aussitôt que j'(*comprendre*) .... le problème.
2. Après que tu (*construire*) .... ta cabane, tu (*dormir*) .... à l'intérieur.
3. Le froid nous (*saisir*) .... dès que nous (*sortir*) ....

4 ◼ Réécrivez les phrases de l'exercice 3 en transposant les sujets au singulier ou au pluriel.

Attention, les phrases vont subir plusieurs modifications !

1.
2.
3.

41 Le présent de l'impératif et ses emplois

Asseyons-nous et discutons.

- **Emplois** Le mode impératif est le mode de l'**ordre**, du **conseil** et de l'**interdiction**.
  Viens m'aider.   **Concentre**-toi et tu réussiras.   Ne te **penche** pas !
- **Particularité** L'impératif ne se conjugue qu'**à trois personnes** et le **sujet** n'est **jamais exprimé**.   fai**s**, fais**ons**, fait**es** ; pren**ds**, pren**ons**, pren**ez**
- **Conjugaison** Les terminaisons sont les **mêmes** qu'au **présent de l'indicatif**, sauf pour les verbes du **1ᵉʳ groupe**, les verbes du type **cueillir** et le verbe **aller**, qui **perdent le -s** à la 2ᵉ personne du singulier.   parl**e** ; cueill**e** ; v**a**
  Ces verbes prennent cependant un **-s** quand ils sont suivis des pronoms **y** ou **en**.
  parle**s**-en ; cueille**s**-en ; va**s**-y
- **Verbes irréguliers**
  être : sois, soyons, soyez   **savoir :** sache, sachons, sachez
  avoir : aie, ayons, ayez   **vouloir :** veuille/veux, veuillons/voulons, veuillez/voulez

> **Vérifiez que vous avez bien compris la leçon :**
> **conjuguez les verbes au présent de l'impératif.**
> 1. chanter : ....
> 2. répondre : ....

*Quand un pronom suit un impératif, il est précédé d'un **trait d'union**.*

1 Transposez au présent de l'impératif.
1. tu donnes →
2. nous terminons →
3. tu te calmes →
4. vous finissez →
5. nous nous souvenons →
6. tu achètes →
7. tu n'as pas peur →
8. nous sommes →

2 a. Remplacez les mots soulignés par *-en* ou *-y*.
b. À l'oral, précisez l'emploi de ces impératifs.
1. Profite des vacances →
2. Va à cette soirée →
3. Occupe-toi des courses →
4. Pense à cette proposition →
5. Donne-moi du travail →
6. Ne touche pas à ces biscuits ! →

3 📖 J'APPLIQUE POUR LIRE Conjuguez les verbes à la deuxième personne du singulier, au présent de l'impératif.

> (*Attendre*) .... (*Se tenir*) ....-toi un peu. (*Enfoncer*) .... ton bonnet en méchant garçon. (*Se camper*) ....-toi sur un pied. (*Mettre*) .... la main au côté. (*Faire*) .... les yeux furibonds. (*Marcher*) .... un peu en roi de théâtre. Voilà qui est bien. (*Suivre*) ....-moi.
>
> D'après **Molière**, *Les Fourberies de Scapin*, acte I, scène 5 (1671)

42 Le conditionnel présent et ses emplois

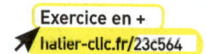

*Je **viendrais** si je le pouvais.*

● **Emplois** Le conditionnel présent permet d'exprimer :
- un **souhait**,   J'**aimerais** devenir cuisinier.
- une **action soumise à condition**,   S'il n'était pas si tard, nous l'**appellerions**.
- une **information incertaine**,   Le suspect **serait** encore dans la région.
- une **demande polie**,   **Accepteriez**-vous de l'aider ?
- un **conseil**,   Tu **ferais** mieux de ne pas tarder.
- le **futur dans le passé**.   Elle pensait qu'ils y **parviendraient**.

● **Conjugaison** Radical du **futur simple** + **terminaisons** de l'**imparfait**
(-ais, -ais, -ait, -ions, -iez, -aient)

> **Vérifiez que vous avez bien compris la leçon :**
> **encadrez le radical et soulignez la terminaison de ces verbes.**
> 1. nous avertirions   2. je distribuerais   3. elle tiendrait   4. ils placeraient

1 ◼ **Barrez les verbes qui ne sont pas au conditionnel présent.**
tu dirais • nous irions • elle serait • vous demandiez • ils seraient • tu adorais • nous barrions • vous admireriez • elles accaparaient

2 ◼ **Mettez ces verbes au futur simple, puis au conditionnel présent.**

*N'oubliez pas le -e pour les **verbes en -ier, -uer, -éer, -oyer, -uyer**.*

demander	je .... • je	pouvoir	elles .... • elles ....
obéir	il .... • il	nettoyer	nous .... • nous ....
rire	tu .... • tu	secouer	vous .... • vous ....

3 ◼ **Conjuguez les verbes au conditionnel présent.**
1. S'il avait regardé ce tutoriel, il (*savoir*) .... comment faire une grenouille en origami.
2. Je (*être*) .... heureuse de vivre ici. 3. Vous (*courir*) .... plus vite avec de l'entraînement. 4. Nous (*faire*) .... mieux d'y aller. 5. Je (*s'ennuyer*) .... si tu n'étais pas là. 6. Ils (*continuer*) .... avec joie.

4 ◼ 📖 **J'APPLIQUE POUR LIRE**   **a. Soulignez les verbes au conditionnel présent.**

> Mais, c'était décidé, [Yvain] ne les attendrait pas ; au contraire, il s'en irait tout seul, pour son bonheur ou sa douleur. Il arriverait avant trois jours à Brocéliande ; poussé par son désir, il chercherait et trouverait l'étroit sentier dans les buissons.
>
> **Chrétien de Troyes,** *Yvain, le Chevalier au lion,* traduit par Véronique Bartoli-Anglard et adapté par Cécile de Cazanove © Nathan (2012)

b. De quel emploi du conditionnel s'agit-il ici ? ....

5 ▪ Réécrivez le texte de l'exercice 4 en remplaçant *Yvain* par *Yvain et Perceval*.

....
....
....

6 ▪ Choisissez entre futur simple et conditionnel présent et précisez chaque fois l'emploi du temps utilisé.

1. Nous (*aimer*) .... que tu viennes. ➔ ....
2. S'il ne faisait pas si froid, elles (*sortir*) .... ➔ ....
3. Il (*devoir*) .... pleuvoir. ➔ ....
4. Je croyais que je (*vaincre*) .... mes difficultés ; malheureusement, je n'y (*arriver*) .... pas seul. ➔ ....
5. Vous (*avoir*) .... intérêt à prévoir davantage de temps. ➔ ....
6. Je les (*appeler*) .... pour avoir leur avis ; (*vouloir*) ....-tu me donner le tien ? ➔ ....

7 ▪ ✏️ J'APPLIQUE POUR ÉCRIRE Rédigez un texte commençant au choix par « Si j'étais maire de ma ville, … » ou « Si j'étais moins timide, … ».

....
....
....
....

DÉJÀ FINI ?

JEU 8 Formez avec ces lettres sept verbes au conditionnel présent. Une même lettre peut servir plusieurs fois.

F C U N R T I E V R A L S

....

DÉFI ! 9 **a.** Trouvez des synonymes de ces verbes, puis conjuguez-les au conditionnel présent. **b.** Remettez dans l'ordre les lettres encadrées afin de retrouver le nom d'un proche du roi Arthur. **c.** Transposez les verbes au pluriel.

⏱️ 10 minutes

Ex. : *éprouver* ➔ synonyme : R E S S E N T I R ➔ il R E S S E N T I R A I T

1. *observer* ➔ synonyme : _ _ _ _ _ ➔ je _ ☐ _ _ _ _ _
2. *attacher* ➔ synonyme : _ _ _ _ _ ➔ tu ☐ _ _ _ _ _ _
3. *décéder* ➔ synonyme : _ _ _ _ _ _ _ ➔ elle ☐ _ _ _ _ _ _ _
4. *localiser* ➔ synonyme : _ _ _ _ _ _ _ ➔ tu _ _ _ _ _ _ _ ☐ _
5. *sanctionner* ➔ synonyme : _ _ _ _ _ _ ➔ je _ _ _ _ ☐ _ _ _
6. *rédiger* ➔ synonyme : _ _ _ _ _ _ _ ➔ nous _ _ _ _ _ _ _ ☐ _

➔ Nom d'un proche du roi Arthur : ....

➔ Verbes au pluriel : ils ressentiraient • ....

43 BILAN Conjugaison

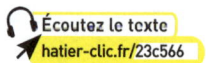

▸ Vérifiez que vous avez bien compris les fiches 31 à 42 avant de traiter ce bilan.

> HARPAGON *(il crie au voleur dès le jardin, et vient sans chapeau).* – Au voleur ! au voleur ! à l'assassin ! au meurtrier ! Justice, juste Ciel ! je suis perdu, je suis assassiné, [on m'a coupé la gorge, on m'a dérobé mon argent. Qui peut-ce être ? Qu'est-il devenu ? Où est-il ?] Où se cache-t-il ? Que ferai-je pour le trouver ? Où courir ? Où ne pas courir ? N'est-il point là ?
> 5 N'est-il point ici ? Qui est-ce ? Arrête. Rends-moi mon argent, coquin… *(Il se prend lui-même le bras.)* Ah ! c'est moi. Mon esprit est troublé, et j'ignore où je suis, qui je suis, et ce que je fais. Hélas ! mon pauvre argent, mon pauvre argent, mon cher ami ! […] sans toi, il m'est impossible de vivre. C'en est fait, je n'en puis plus ; je me meurs, je suis mort, je suis enterré.
>
> **Molière**, *L'Avare* (1668), extrait de l'acte IV, scène 7

1 a. Qu'est-il arrivé à Harpagon ? Recopiez le passage qui le fait comprendre. **1 POINT**

....

b. Analysez la forme verbale utilisée (temps, personne, mode, infinitif). **4 POINTS**

....

2 De « on m'a dérobé » (l. 3) à « je suis mort » (l. 8), relevez cinq verbes au présent de l'indicatif et indiquez-en un dont le radical change. **7 POINTS**

....
....
....

3 a. Analysez le verbe *ferai* (l. 4). **1 POINT**

....

b. Transposez-le au futur antérieur. **1 POINT**

....

4 a. Analysez les verbes soulignés. À qui Harpagon s'adresse-t-il ? **2 POINTS**
b. Quel est l'effet produit ? **1 POINT**

....
....

5 Réécrivez le passage entre crochets (l. 2-3) à l'imparfait et au plus-que-parfait. **6 POINTS**

....
....

6 « sans toi, il m'est impossible de vivre » (l. 7-8) : transposez cette phrase au conditionnel présent. **1 POINT**

....

JE SAIS IDENTIFIER LES TEMPS ET LEURS EMPLOIS

Ma note globale : .... / 24

▸ entre 0 et 8 points : à consolider
▸ entre 9 et 16 points : maîtrisé
▸ entre 17 et 24 points : dépassé

44 Dictée préparée — Conjugaison

▶ Le texte que va vous dicter votre professeur s'appuie sur les notions travaillées dans les **Fiches 31 à 40**. Vérifiez que vous les avez bien comprises avant de commencer la dictée.

JE RÉVISE ET JE PRÉPARE LA DICTÉE

1 Conjuguez les verbes au passé simple. ▶ Fiche 35

1. reprendre → il ....
2. faire → elles ....
3. arriver → ils ....
4. sauter → ils ....
5. traverser → ils ....
6. entendre → ils ....

2 Conjuguez les verbes au temps de l'indicatif demandé. ▶ Fiches 31 à 34

1. vouloir (1re pers. du sing., présent) : ....
2. se mêler (3e pers. du plur., imparfait) : ....
3. aller (2e pers. du sing., présent) : ....
4. suivre (2e pers. du sing., futur simple) : ....

3 Conjuguez les verbes au temps simple ou composé correspondant. ▶ Fiches 34 à 40

1. ils atteignirent : ils ....
2. ils avaient pu : ils ....
3. on a aperçu : on ....
4. ils eurent retrouvé : ils ....

4 Recopiez ces mots : Gaspard, une ortie, un fagot, une ronce, un hangar, se faufiler, mi-parcours.

....

J'ÉCRIS LA DICTÉE

🎧 Écoutez la dictée
hatier-clic.fr/23c567

....
....
....
....
....
....
....
....

JE RELIS MA DICTÉE

▶ **Première relecture** Je cherche les verbes et je vérifie leur accord. Je vérifie leur conjugaison.
▶ **Deuxième relecture** Je repère les participes passés et les infinitifs.

SE CORRIGER EN BINÔME

Je **souligne** mes erreurs dans la dictée et je les **corrige** dans le tableau ci-dessous. En binôme, je réfléchis à ce que je dois **vérifier** pour ne plus les refaire.

LES MOTS CORRIGÉS	COMMENT NE PLUS REFAIRE CES ERREURS

45 Le féminin et le pluriel des noms et des adjectifs

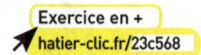

L'acteur est patient. L'actrice est patient**e**. Les acteurs sont patient**s**.

● **Règle générale** La plupart des noms et des adjectifs prennent un **-e** au féminin (un ami patient, une ami**e** patient**e**) et un **-s** au pluriel (des ami**s** patient**s**, des ami**es** patient**es**).

● **Les féminins particuliers**

Certains noms et adjectifs	Exemples
en **-n**, **-l**, **-t** doublent la consonne finale	lion/lio**nn**e, bon/bo**nn**e criminel/crimine**ll**e, gentil/genti**ll**e chat/cha**tt**e, coquet/coque**tt**e
en **-er** prennent un accent grave	sorcier/sorci**è**re, léger/lég**è**re
en **-eur** ont un féminin en **-euse**, **-rice** ou **-esse**	rêveur/rêv**euse**, lecteur/lect**rice**, enchanteur/enchanter**esse**
en **-x**, **-f**, **-p**, **-c** changent leur consonne finale	doux/dou**c**e, heureux/heureu**s**e, veuf/veu**v**e, loup/lou**v**e, blanc/blan**ch**e
ont une terminaison ou un radical très différents	coq/poule, oncle/tante, beau/belle

● **Les pluriels particuliers**

Cas	Exemples
Les noms ou adjectifs en **s**, **-x**, **-z** ne changent pas d'orthographe.	un puits/des puits, roux/roux, le gaz/les gaz
Quelques noms en **-ou** ou **-ail** ont leur pluriel en **-oux** ou **-aux**.	bij**oux**, caill**oux**, ch**oux**, gen**oux**, hib**oux**, jouj**oux**, p**oux** cor**aux**, ém**aux**, trav**aux**, vitr**aux**, soupir**aux**
Les noms ou adjectifs en **-au**, **-eau**, **-eu** prennent un **-x** sauf *pneus, bleus, landaus*.	joyau/joyau**x**, cadeau/cadeau**x**, cheveu/cheveu**x**
Les noms ou adjectifs en **-al** font leur pluriel en **-aux** sauf *bals, carnavals, festivals, chacals, récitals, régals, banals, bancals, fatals, natals, finals, navals*.	hôpital/hôpit**aux**, glacial/glaci**aux**

> **Vérifiez que vous avez bien compris la leçon :**
> **formez le féminin ou le pluriel des GN suivants.**
>
> 1. un enfant poli : des ....
> 2. des pharmaciens : des ....
> 3. un livre intéressant : des ....
> 4. une voix forte : des ....

1 ■ Retrouvez le féminin de ces noms communs.

1. un boucher → une ....
2. un roi → une ....
3. un facteur → une ....
4. un enseignant → une ....
5. un juge → une ....
6. un menteur → une ....
7. un dieu → une ....
8. un traître → une ....
9. un paysan → une ....
10. un neveu → une ....

2 ▪ Mettez ces noms au pluriel.

1. un document → des ....
2. un oiseau → des ....
3. une histoire → des ....
4. un prix → des ....
5. un travail → des ....
6. un fou → des ....
7. un bijou → des ....
8. un journal → des ....
9. un aveu → des ....
10. un détail → des ....
11. un œil → des ....
12. un corail → des ....

3 ▪ Transposez ces adjectifs au féminin.

1. sportif → ....
2. surpris → ....
3. doux → ....
4. précieux → ....
5. embarrassé → ....
6. nouveau → ....
7. réel → ....
8. sensible → ....
9. mou → ....
10. bref → ....
11. frileux → ....
12. amusant → ....

4 ▪ Transposez ces groupes nominaux au singulier ou au pluriel.

1. des temps meilleurs : ....
2. un bal joyeux : ....
3. un drapeau tendu : ....
4. des feux lumineux : ....
5. un landau bleu : ....
6. des dieux cruels : ....
7. un lieu original : ....
8. des corps épuisés : ....

5 ▪ ✏️ J'APPLIQUE POUR ÉCRIRE Utilisez chacune de ces images pour inventer une phrase.

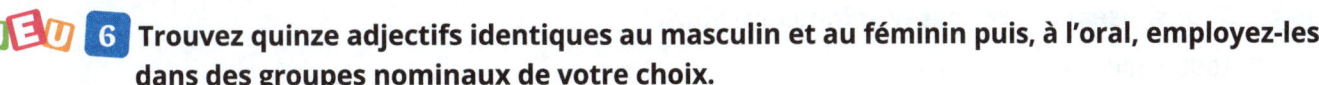

DÉJÀ FINI ?

JEU **6** Trouvez quinze adjectifs identiques au masculin et au féminin puis, à l'oral, employez-les dans des groupes nominaux de votre choix.

DÉFI ! **7** À faire sur une feuille. Pour chacune des dix premières lettres de l'alphabet, proposez un nom et un adjectif au pluriel permettant de former un groupe nominal.

Ex. : lettre A → des amis ahuris

46 Les accords dans le groupe nominal

une grande maison de campagne

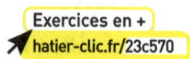

- **Rappel** Le **groupe nominal** (GN) est un groupe de mots organisé autour d'un nom **noyau**.
- **Formation** Le **GN** est formé au minimum d'**un nom** et d'**un déterminant**.   le sac
  Il peut aussi comporter :
  – un **adjectif épithète** ou **un participe passé** employé comme **adjectif**,
    le **gros** sac   le sac **usé**
  – un **complément du nom**,   le sac **de mon frère**
  – une **proposition subordonnée relative**.   le sac **qui a été oublié**
- **Accord**
  – **Le déterminant et l'adjectif s'accordent** en genre et en nombre avec le nom dont ils dépendent.   **la** petit**e** chambre   **les** rideaux blanc**s**   **cette** histoire fabuleu**se**
  – **Avec un complément du nom**, on accorde **selon le sens**.
    un recueil de poème**s**   pluriel car il y a plusieurs poèmes dans le recueil
    un bocal de confiture   singulier car la confiture n'est pas dénombrable

> Vérifiez que vous avez bien compris la leçon : soulignez le nom noyau de ces groupes nominaux et entourez les marques de féminin et de pluriel.
> 1. des revues hebdomadaires
> 2. nos amis d'enfance.
> 3. sa chère petite sœur
> 4. ces glorieuses batailles

1 ■ Soulignez les groupes nominaux organisés autour des noms en gras.
1. Des **massifs** de fleurs multicolores ornaient le charmant **jardin** de grand-père.
2. Ce **pique-nique** mémorable sur la **plage** déserte restera mon meilleur **souvenir**.
3. Des **chats** errants se faufilaient à travers les **ruelles** obscures.
4. Il admirait les **portraits** de famille accrochés dans l'escalier.
5. Les **enfants** qui avaient retrouvé l'animal furent récompensés par la vieille **femme**.

2 ■ Faites les accords nécessaires.
1. des bijou___ magnifique___
2. un tas de neige___
3. mes chaussure___ usé___
4. des objet___ fragile___
5. un bouquet de pivoine___
6. des litre___ de thé___
7. de beau___ tableau___
8. des brique___ de lait___
9. une lettre étonnant___
10. un paquet de biscuit___
11. des rêve___ fou___
12. une personne___ gentil___

3 ■ Transposez ces groupes nominaux au pluriel.
1. tout le jour →
2. mon chien adoré →
3. ce livre passionnant →
4. une amie fidèle →
5. l'animal menaçant →
6. leur projet génial →
7. une incroyable aventure →
8. son pneu crevé →
9. un récit banal →
10. toute la classe →
11. leur genou écorché :

4 ◼ **Remplacez le mot en gras par celui noté entre parenthèses.**

1. le petit **entrepôt** du directeur (*maison*) : ....
2. ce **récit** surprenant (*épisode*) : ....
3. ces **livres** oubliés sur la table (*bande dessinée*) : ....
4. leur **ami** le plus gentil (*amies*) : ....

5 ◼ **Formez des groupes nominaux en ajoutant au nom un déterminant, deux adjectifs et un complément du nom.**

1. table : ....
2. livre : ....
3. arbre : ....
4. femme : ....

6 ◼ 📖 **J'APPLIQUE POUR LIRE** **a. Entourez les noms communs et soulignez leur déterminant, puis procédez aux accords nécessaires.**
b. Complétez le texte avec les adjectifs entre parenthèses à accorder.

> La pièce était (*chaleureux*) .... malgré le (*vieux*) .... tapis ...... et les meuble ...... (*simple*) .... Les (*joli*) .... gravure ...... au mur, les livre ......, les chrysanthème ...... et les rose ...... de Noël au ...... fenêtre ...... contribuaient à une atmosphère ...... de (*douillet*) .... sérénité ....
>
> D'après **Louisa May Alcott**, *Les Quatre Filles du docteur March*, traduction et adaptation de Malika Ferdjoukh (2010) © L'École des loisirs

7 ◼ ✏️ **J'APPLIQUE POUR ÉCRIRE** **Décrivez un lieu en utilisant au moins cinq GN enrichis.**

....
....
....

DÉJÀ FINI ?

JEU **8** **Proposez un déterminant, votre voisin(e) ajoute un nom, puis ajoutez un adjectif et votre voisin(e) donne un complément du nom. Faites cela quatre fois en échangeant les rôles.**

DÉFI ! **9** **Complétez ces dominos avec des adjectifs qui s'accorderont avec les deux noms de part et d'autre.** ⏱ 8 minutes

filles .... , prix .... récits

enfants .... livre .... témoignage

47 L'accord de l'adjectif

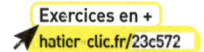

Des récits intéressant**s**. Des chaussettes orang**e**. Une pomme et une poire juteuse**s**.

- **Règle générale**
  – L'adjectif et le participe passé employé comme adjectif **s'accordent en genre et en nombre** avec le mot auquel ils se rapportent.
    une petit**e** valise ; une valise perdu**e** ; des sacs encombrant**s**
  – Quand l'adjectif se rapporte à **un nom féminin et à un nom masculin**, l'accord se fait **au masculin pluriel**.   des résultats et une attitude décevant**s**
  – Quand l'adjectif se rapporte à **deux noms au singulier**, l'adjectif se met **au pluriel**.
    une ceinture et un pantalon trop grand**s**

- **Les adjectifs de couleur**
  Les adjectifs de couleur s'accordent avec le nom.
    des gants roug**es**   des feuilles vert**es**
  Mais on n'accorde pas les adjectifs de couleur :
  – quand ils sont **composés de deux mots**,   une feuille vert clair   des robes bleu marine
  – quand ce sont des **noms communs** (à l'exception de *rose*, *fauve* et *mauve*).
    des jupes marron (un marron)   des murs crème (la crème)

> **Vérifiez que vous avez bien compris la leçon : accordez les adjectifs si besoin.**
> 1. des garçons prudent....   2. cette histoire passionnant....   3. des draps pistache....
> 4. une clef et un passeport perdu....   5. des chaussures noir....

1 ◼ **Accordez les adjectifs.**

1. des hommes (*patient*) ....
2. une journée (*ensoleillé*) ....
3. un (*vieux*) .... homme
4. des amies (*cher*) ....
5. des histoires (*curieux*) ....
6. des maisons (*neuf*) ....
7. des garçons (*têtu*) ....
8. une idée (*fou*) ....
9. des couleurs (*clair*) ....
10. une (*beau*) .... surprise

2 ◼ **Formez des groupes nominaux en associant aux adjectifs un déterminant et un nom commun.**

1. .... natale
2. .... sympathique
3. .... privée
4. .... heureux
5. .... anciennes
6. .... normales
7. .... rapides
8. .... vif
9. .... familial
10. .... déchirés

3 ◼ **Accordez si besoin les adjectifs de couleur.**

1. des draps jaune.... pâle....
2. des collants violet....
3. des rideaux bleu.... canard
4. des pantalons olive....
5. des encres mauve....
6. des rubans rouge....
7. des murs blanc.... cassé....
8. des écharpes orange....

4 ■ **Accordez correctement les adjectifs.**

1. Ces rideaux et cette nappe sont (*usé*) ....
2. Le gymnaste et la coureuse arriveront (*dernier*) ....
3. Je trouve ce fauteuil et cette chaise très (*dur*) ....
4. Attention à ces seaux (*plein*) .... d'eau !
5. Jetons ces tulipes et ces œillets (*fané*) ....

5 ■ 📖 **J'APPLIQUE POUR LIRE** Entourez chaque adjectif et soulignez le mot auquel il se rapporte.

> La taille moyenne des habitants est un peu inférieure à six pouces, celle de tous les animaux, celle des arbres et des plantes leur sont exactement proportionnées : par exemple, les chevaux et les bœufs sont hauts de cinq à six pouces à l'encolure [...], les plus petites bêtes étaient pour moi presque invisibles.
>
> **Jonathan Swift**, *Gulliver. Voyage à Lilliput*, traduction revue par Jacques Pons (1965) © Belin

6 ■ ✏️ **J'APPLIQUE POUR ÉCRIRE** Enrichissez ce texte à l'aide d'adjectifs que vous accorderez.

La femme s'installa dans son fauteuil et ouvrit son journal. Le chat faisait ses griffes sur le tapis. Dans le jardin, des oiseaux chantaient. ....

DÉJÀ FINI ?

JEU 7 Retrouvez dans la grille au moins cinq adjectifs au féminin singulier.

L	E	L	A	T	A	F
P	L	E	I	N	S	O
E	A	N	M	J	E	U
T	P	T	E	E	U	E
I	B	U	F	U	L	E
T	N	I	R	N	E	S
E	M	U	S	E	S	A

DÉFI ! 8 a. **Retrouvez le nom correspondant à chacune de ces définitions.**
b. **Indiquez quelle couleur est associée à ce nom.**
c. **Inventez des groupes nominaux au pluriel avec ce nom de couleur.**

Ex. : énergie permettant la production d'essence : le PÉTROLE = bleu → GN : des murs pétrole

1. matière des défenses de l'éléphant : l'.................... → GN : ....
2. animal myope vivant sous terre : la .... → GN : ....
3. bois très foncé : l'.................... → GN : ....
4. rongeur à longue queue vivant dans les arbres : l'....................
→ GN : ....
5. pierre précieuse associée à la mer : la ....
→ GN : ....

48 L'accord sujet-verbe

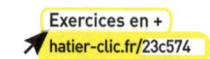
Exercices en +
hatier-clic.fr/23c574

*Les marins hiss**aient** la voile.*

- Pour trouver le sujet d'un verbe, on pose la question : **qui / qu'est-ce qui + verbe**.
  *Les vagues déferl**aient** sur le rivage. Qu'est-ce qui déferlait ?*
- Le sujet et le verbe peuvent être **inversés**.
  *Dans le ciel vol**aient** des hirondelles. Qui est-ce qui volait ?*

Cas particuliers	Règle d'accord	Exemples
Quand le sujet est un **GN**,	on accorde le verbe avec le nom noyau.	Les décisions du maire f**urent** contestées.
Quand le verbe est précédé du pronom relatif **qui**,	on accorde le verbe avec le pronom *qui*. Il faut alors chercher quel mot il remplace	Les bénévoles qui aid**aient** ét**aient** remerciés.
Quand il y a **plusieurs sujets**,	il faut chercher par quel pronom on peut les remplacer.	Julie et moi (= nous) discut**ons**. Mon chemisier et mon pantalon (= ils) sèch**ent** sur le fil.

> **Vérifiez que vous avez bien compris la leçon :**
> **soulignez le sujet de chaque phrase et encadrez la terminaison du verbe.**
> 1. Les fleurs s'épanouissaient.
> 2. Les copies de l'élève étaient perdues.
> 3. Partirons-nous ?

1 ■ Soulignez les verbes conjugués et encadrez leurs sujets.
1. Les adolescents, fascinés, se turent.
2. Nous vous la prêterons.
3. Viendrez-vous ?
4. Dans le parc se dressaient des grands arbres.
5. Partir en Polynésie est mon rêve.
6. Les dessins de cette artiste sont incroyables.
7. Les chiens aboyèrent.

2 ■ Précisez par quel pronom on peut remplacer le sujet, puis conjuguez le verbe au présent de l'indicatif.
1. Toi et moi [= ....] (*être*) .... d'accord.
2. La jongleuse et l'acrobate [= ....] (*venir*) .... saluer le public.
3. C'est moi [= ....] qui (*avoir*) .... ton livre.
4. Alain et toi [= ....] nous (*faire*) .... beaucoup rire.

3 ■ Complétez ces phrases par un sujet accordé avec le verbe. Vous utiliserez deux pronoms personnels et trois groupes nominaux.
1. C'est .... qui as les clefs.
2. Quand .... êtes là, je suis vraiment content.
3. .... l'adorent.
4. .... détestons la viande.
5. .... perds souvent mes lunettes !

4 ◼ **Conjuguez les verbes au présent de l'indicatif en les accordant.**

1. « Quelle surprise ! » (*s'exclamer*) .... les participants.
2. Les lecteurs, priés de quitter la médiathèque, (*ranger*) .... les revues.
3. Le bouquet de fleurs qui (*orner*) .... la table est magnifique.
4. Le gardien les (*surveiller*) .... de loin.
5. Écouter et participer (*être*) .... nécessaires.

5 ◼ 📖 J'APPLIQUE POUR LIRE **Lisez le texte, puis indiquez le sujet des trois verbes en gras.**

> Depuis des générations, les singes avaient été tenus en respect par l'épouvante où les **plongeaient** les histoires de leurs aînés à propos de Kaa, le voleur nocturne, qui glisse le long des branches aussi doucement que s'étend la mousse, et **enlève** aisément le singe le plus vigoureux. Kaa était tout ce que craignaient les singes dans la Jungle, car aucun d'eux ne savait où **s'arrêtait** son pouvoir [...].
>
> **Rudyard Kipling**, *Le Livre de la Jungle*, traduit de l'anglais par L. Fabulet et R. d'Humières, version abrégée par A. Gopko (2018) © Éditions Drôles de...

plongeaient : ....
enlève : ....   s'arrêtait : ....

6 ◼ ✏️ J'APPLIQUE POUR ÉCRIRE **En vous inspirant de l'image, décrivez un paysage. Utilisez au moins cinq verbes différents.**

....
....
....
....
....
....
....
....

Le Douanier Rousseau, *Paysage pastoral avec ruisseau* (vers 1875)

DÉJÀ FINI ?

JEU **7** Proposez un groupe nominal sujet, votre voisin(e) ajoute un verbe et un complément. Formez ainsi dix phrases !

DÉFI ! **8** **Assemblez chaque fois trois éléments afin de constituer cinq phrases.** ⏱ 5 minutes

| dorment | devenir architecte | entends | amis | Louis | paisiblement | étiez |
| fait | paraît | une moto | une maquette | Léo et toi | les chatons | j' | difficile |

....
....
....

49 L'accord du participe passé

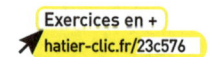
Exercices en +
hatier-clic.fr/23c576

Épuisé**s**, nous avons dîné tôt, puis sommes allé**s** nous coucher.

● **Rappel** Le participe passé est une **forme non conjuguée** du verbe. ▶ Fiche 36

● **Accord**

Cas	Règle d'accord	Exemples
participe passé employé sans auxiliaire	Il s'accorde **comme un adjectif** avec le nom auquel il se rapporte.	des journaux vendu**s**
participe passé employé avec *être*	Il s'accorde **avec le sujet**.	Les invités sont parti**s**. Elles sont consterné**es**.
participe passé employé avec *avoir*	Il s'accorde avec **le COD si celui-ci est placé avant le verbe**.	la rose que j'ai cueilli**e** = la rose ; les animaux que j'ai adopté**s** = les animaux

Vérifiez que vous avez bien compris la leçon : barrez l'affirmation fausse.
1. Le participe passé s'accorde avec le sujet de la phrase.
2. Quand le participe passé est employé avec *avoir*, il faut chercher le COD.
3. Le participe passé peut s'accorder avec un pronom.
4. Un participe passé peut être employé sans auxiliaire.

1 ■ **Soulignez les participes passés.**
1. Nous avons acheté une voiture.
2. Elle n'y a pas cru.
3. Les enfants avaient voulu jouer.
4. Les spectateurs, déçus, s'en allèrent.
5. Les trésors découverts furent photographiés.
6. Je partis dès qu'elle fut arrivée.

2 ■ **a. Encadrez les participes passés employés comme adjectifs et soulignez ceux employés avec le verbe *être*.**
b. Faites les accords nécessaires.

1. Les acteurs sont félicité...... 2. Les marchandises vendu...... ne seront pas repris...... .
3. Vous recevrez un message une fois les colis livré...... . 4. Nous sommes choqué(e)...... par la gravité des actions commis...... . 5. Les spectateurs se sont levés sitôt la pièce achevé...... .

3 ■ **a. Soulignez les COD des verbes en gras et reliez-les au GN qu'ils remplacent.**
b. Recopiez les phrases en remplaçant le GN par un GN au genre et au nombre demandés.
Ex. : Avez-vous compris le chapitre que vous **avez étudié** ?
→ fém. sing. : Avez-vous compris la leçon que vous avez étudiée ?

1. Le livre que tu m'**as offert** est passionnant.
→ masc. plur. : ....

2. Ce jeu, l'**as**-tu finalement **retrouvé** ?
→ fém. plur. : ....

3. Le cadeau que nous **avons envoyé** n'est jamais arrivé.
→ fém. sing. : ....

4 ■ **Soulignez les verbes *être* ou *avoir*. Complétez la terminaison des participes passés.**

1. Elle avait manqu...... son train et fut contrain...... de rentrer.
2. La tarte que tu as fai...... est délicieuse !
3. Ravag...... par la tempête, les paysages avaient perd...... de leur beauté.
4. Les documents que vous nous avez fourn...... seront étudi...... .
5. La cabane qu'ils avaient constru...... est encore utilis...... .

5 ■ 📖 **J'APPLIQUE POUR LIRE** **Ajoutez les participes passés des verbes et accordez-les.**

> Quand nous avons (*apercevoir*) .... l'Australie pour la première fois, nous avons (*sauter*) .... en l'air et nous nous sommes (*prendre*) .... dans les bras les uns des autres. Comme si nous étions les premiers marins à l'avoir (*découvrir*) .... [La chienne] aboyait contre nous, (*persuader*) .... que nous étions (*devenir*) .... complètement cinglés, ce qui était probablement vrai.
>
> D'après **Michael Morpurgo**, *Le Royaume de Kensuké* (1999) traduit par Diane Ménard © Gallimard Jeunesse

6 ■ ✏️ **J'APPLIQUE POUR ÉCRIRE** **En vous promenant un soir avec un ami, vous avez trouvé, dans une ruelle, une mystérieuse boîte avec l'inscription « Ouvrez-moi ». Racontez, au passé composé, ce qui s'est produit alors.**

....
....
....
....

DÉJÀ FINI ?

JEU **7** **Complétez la grille avec les participes passés correspondant aux définitions ci-dessous.**

1. Hugo a passé sa vie ➜ Hugo a...
2. Elles sont venues au monde. ➜ Elles sont...
3. Les baleines sont décédées. ➜ Les baleines sont...
4. Il a été obligé ➜ Il a...
5. Lou a été traumatisée. ➜ Lou a été...
6. Les problèmes sont réglés. ➜ Les problèmes sont...

DÉFI ! **8** **Trouvez l'antonyme de chaque verbe. Puis complétez la phrase avec son participe passé.** ⏱ 10 minutes

Ex. : se taire ➜ <u>parler</u>. Ils ont <u>parlé</u> de ce film.

1. demander ➜ .... Ont-ils .... ?
2. accepter ➜ .... Les retardataires seront ....
3. nettoyer ➜ .... Les affaires que tu as .... se trouvent dans la panière.
4. allumer ➜ .... J'ai trouvé toutes les lumières ....
5. construire ➜ .... La tour a été ....

50 Les homophones : *on / ont / on n'*

Ils **ont** tout compris. **On** est déçu car **on n'**a pas réussi.

ont = verbe *avoir* (ils/elles ont)
Je remplace par *avaient*.
Elles **ont** (= avaient) faim.
Elles **ont** (= avaient) terminé.

on = pronom personnel sujet
Je remplace par *il/elle*.
On (= Il) te croit.

on n' = pronom personnel sujet + négation
On n'a pas envie d'y aller.

Vérifiez que vous avez bien compris la leçon : assemblez les éléments des trois colonnes afin de constituer des phrases correctes.

1. Je pense qu'   ont   pas fini leur exposé.
2. Lisa et Étienne n'   on   a pas le temps ?
3. Es-tu certain qu'   on n'   se trompe.

1 ■ Complétez par *on* ou *ont*.
1. Quand ..... travaille, ... progresse.
2. Ils ..... décidé de venir.
3. ..... pense que les ouvriers ..... terminé les travaux.
4. ..... -elles trouvé une solution ?
5. Il faut qu' ..... parte maintenant.
6. ..... craint souvent les changements mais l' ..... a tort.
7. Il faut être prudent, les enfants l' ..... bien compris.
8. Les joueuses, contre toute attente, ... remporté le match.

2 ■ **a.** Complétez avec *on*, *ont*, ou *on n'*.
b. Encadrez tous les mots de négation.
1. ..... est pas motivé quand ..... a pas d'encouragements.
2. Lorsqu' ..... est jeune, ... a plein de projets et ..... a peur de rien.
3. Tant qu' ..... a pas terminé, ... ne sort pas.
4. Ira-t- ..... les voir à Noël ? Ils nous ..... beaucoup manqué.
5. Les gâteaux que tes enfants ..... faits étaient délicieux ; ..... en a tous repris.
6. ..... a jamais réussi à le comprendre.

3 ■ Barrez et corrigez les [on] mal orthographiés.
Quand ont est allé lui rendre visite l'été dernier, on l'a trouvée très gaie. Ont était embêté car on avait pas prévenu que l'on venait. On lui a proposé de repasser mais on n'a compris qu'elle était très heureuse de nous voir. On n'a alors décidé de rester dîner avec elle. Ses enfants nous on aidés à installer la table et les bancs dans le jardin.

....

 4 ■ 💬 **J'APPLIQUE POUR DIRE** Inventez trois phrases avec *on /ont /on n'* et dictez-les à votre voisin(e). Inversez ensuite les rôles, puis vérifiez que vous êtes bien d'accord sur l'orthographe de chacune de ces phrases.

51 Les homophones : l'a / l'as / la / là

Cette clé, il **la** laissait toujours **là**. Il **l'a** finalement retrouvée.

Exercice en +
hatier-clic.fr/23c579

l'a / l'as = **pronom** (*le, la*) + **verbe** *avoir*
Je remplace par *l'avait / l'avais*
Il **l'a** (= l'avait) acheté.
Tu **l'as** (= l'avais) pris.

la = **article défini (devant un nom)** ou **pronom personnel féminin**
≠ *l'avait / l'avais*
La jeune fille **la** (l'avait) regarde.

là = **adverbe**
Je remplace par *ici* ou *-ci*
Je suis **là** (= ici).
Ce jour-**là** (=-ci).
Ne pas oublier le trait d'union !

Vérifiez que vous avez bien compris la leçon : complétez avec la bonne forme de [la].

1. quand [la] désigne un lieu, il s'écrit ....
2. quand [la] reprend un GN féminin, il s'écrit ....
3. quand [la] est une forme verbale, il s'écrit ....
4. quand [la] est devant un nom, il s'écrit ....

1 ■ Essayez de remplacer [la] par *l'avait* ou *l'avais*, puis encadrez la forme en gras correcte.

1. Quand **la** / **l'a** / **l'as**-tu vu la dernière fois ?
2. Cette histoire, on **la** / **l'a** / **l'as** lira ce soir.
3. **La** / **L'a** / **L'as** date passée, il sera trop tard.
4. Elle **la** / **l'a** / **l'as** revue.
5. Je voudrais **la** / **l'a** / **l'as** convaincre.
6. Tu ne **la** / **l'a** / **l'as** pas beaucoup défendu.
7. Il faut que tu **la** / **l'a** / **l'as** répares.
8. Cette disparition **la** / **l'a** / **l'as** attristé.

2 ■ Réécrivez les phrases en remplaçant les mots soulignés par un homophone de [la].

1. C'est à moi que tu as prêté <u>ce livre</u>.
   → ....
2. Je vais consulter <u>Olivia</u>.
   → ....
3. Nous l'avons posé <u>à cet endroit</u>.
   → ....
4. Personne ne trouva <u>la valise</u>.
   → ....

3 ■ Complétez avec l'un des homophones de [la].

1. C'est ...... que tu ...... mise.
2. Quand ...... ferons-nous, cette tarte ?
3. Jean me ...... montré mais je ne sais plus où il ...... rangé.
4. Plus je ...... regarde, plus je ...... chéris.
5. Tu ne ...... jamais emmené ...... et il te ...... reproché.
6. C'est ce matin ...... que tu ...... rencontré.

4 ■ ✏ J'APPLIQUE POUR ÉCRIRE Écrivez un court texte en utilisant le plus d'homophones possible de [la]. Soulignez-les.

52 Les homophones : se / ce, s'est / c'est, ses / ces

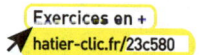

Ses amis se retrouvent pendant ces fêtes. C'est lui qui s'est déplacé ce soir.

---

se = pronom personnel
(dans un verbe pronominal)
Il **se** méfie (*se méfier*).
Elle **se** lave (*se laver*).

≠

ce = déterminant
ou pronom démonstratif
Ce chemin mène à la rivière.
Ce (= cela) fut intéressant.

s'est = pronom personnel + *être*
Il **s'est** (= s'était) perdu. (passé composé)

≠

c'est = pronom démonstratif + *être*
C'est (= cela est) une bonne idée.

ses = déterminant possessif (+ nom)
ses livres à lui (= les siens)

≠

ces = déterminant démonstratif
(avant un nom)
ces livres-là (= ceux-là)

Vérifiez que vous avez bien compris la leçon : surlignez la forme correcte.
1. Il s'est / c'est levé tôt. 2. Je voudrais ce / se ballon. 3. S'est / C'est l'été.
4. Ses / Ces bandes dessinées sont à elle. 5. Nous viendrons ce / se mois-ci.

---

1 ■ **Complétez par *se* ou *ce*.**

1. Il faut ...... dépêcher.
2. J'aime ...... paysage.
3. ...... n'est pas ...... que j'ai compris.
4. Elles ...... demandent si ...... jeu est sorti.
5. ...... disputent-ils souvent ?
6. ...... sont eux qui ...... sont trompés.

2 ■ **Choisissez entre *ses*, *ces*, *s'est* et *c'est*.**

1. Marc a perdu ...... lunettes.
2. Il neige, ... incroyable !
3. Elle ...... vantée de ...... exploits.
4. ...... chaussures-là ne sont pas à moi.
5. Tu es peu disponible ...... temps-ci.
6. ......-elle finalement décidée ?
7. J'hésite entre ...... propositions.
8. Il y va avec ...... enfants.

3 ■ **Associez les mots de ces deux listes afin de former cinq phrases.**

Liste a : regarde • est • elle • Léo • derniers jours • à • dans le miroir • grands-parents • triste • moi • ma sœur • le jeune homme • entraînée • aime
Liste b : ses • c'est • se • ces • s'est

....
....

53 Infinitif en -er ou participe passé en -é, -ée, -és, -ées

Nous avons accept**é** de l'accompagn**er**.

- **L'infinitif en -er :**
  – peut être remplacé par un **infinitif du 2ᵉ ou du 3ᵉ groupe** ;
  – se rencontre après une **préposition** ou un **verbe conjugué** (mais jamais après un auxiliaire).

  Il apprend à **danser**. (→ faire)   Il sait **danser**. (→ faire)

- **Le participe passé en -é ou -ée(s) :** ▶ Fiche 49
  – peut être remplacé par un **participe passé du 2ᵉ ou du 3ᵉ groupe** ;
  – se rencontre **avec un auxiliaire** ;
  – peut être employé **seul**, comme un adjectif.

  Elle a **rangé**. (→ fait)   Les jouets **rangés**, nous partons. (→ faits)

> **Vérifiez que vous avez bien compris la leçon : complétez la phrase.**
> Lila a cess.... de bavard.... et s'est concentr.... sur le cours.

---

1 **a. Remplacez la forme verbale incomplète par un verbe d'un autre groupe.**
b. Déduisez-en la terminaison manquante.

1. Nous irons nous baign...... (→ ....).
2. La table cass...... (→ ....) est en bas.
3. Il a fini de rédig...... (→ ....) sa lettre.
4. As-tu emprunt...... (→ ....) ce livre ?

2 **Complétez avec l'infinitif ou le participe passé accordé.**

1. L'enfant, amus...., s'est empêch.... de rire.
2. Exaspér...., ils ont préfér.... s'en all.....
3. Fum.... est interdit.
4. S'entraîn.... régulièrement permet de progress.....
5. La chienne assoiff.... bondit dans la fontaine.
6. Je vais vous présent.... ce projet.
7. Les assiettes pos.... là risquent de tomb.....

3 📖 **J'APPLIQUE POUR LIRE** **Complétez avec la bonne terminaison.**

> Tout d'abord, quand le valet de pied avait annonc.... lord Fauntleroy, le vieillard n'avait pas os.... regard.... l'enfant, de crainte de le trouv.... tel qu'il l'appréhendait. [...] Alors ils s'étaient mis à caus...., et le comte s'était senti de plus en plus remu.... et déconcert..... En premier lieu, il était tellement habitu.... à voir les gens craintifs ou embarrass.... devant lui, qu'il s'attendait que son petit-fils montrât de la timidité ou de l'appréhension.
>
> D'après **Frances H. Burnett**, *Le Petit Lord Fauntleroy*, traduit de l'anglais par Ch. et M.-L. Pressoir (1997), © Éditions Gallimard Jeunesse

54 MÉTHODE Relire efficacement sa rédaction, sa dictée...

✔ Je me donne envie de me relire

ÉTAPE 1
- J'écris **lisiblement**.
- Ma copie est **soignée** et **aérée** (sauts de lignes, alinéas...).
- Je vérifie les **accents**, la **ponctuation** et les **majuscules**.

✔ Je veille au vocabulaire employé dans ma rédaction

ÉTAPE 2
- J'utilise un **niveau de langue** courant (sauf consigne particulière).
- J'utilise un **vocabulaire** varié et précis pour éviter les répétitions.
  Le chien avançait, or, j'ai peur **des canidés**.
- J'utilise si possible des synonymes pour les verbes *être*, *faire*, *dire*, *avoir*.
  Il ~~dit~~ : « Je ~~fais du~~ foot le samedi. » → Il **déclare** : « Je **pratique** le foot le samedi. »

✔ Je vérifie la syntaxe

ÉTAPE 3
- Les phrases doivent être **correctes** : des négations complètes, pas d'abréviation, utilisation de mots de liaison...
  ~~T'inquiète~~ → **Ne** t'inquiète **pas**.   ~~C'est OK.~~ → C'est **d'accord**.
- Je vérifie la **construction des phrases**, notamment les propositions relatives ou subordonnées.
- J'utilise des **connecteurs** spatiaux, temporels et logiques.
  Il rentra **parce que** le ciel s'assombrissait.

✔ Je fais attention à l'orthographe lexicale

ÉTAPE 4
- La recherche d'un mot de la même famille aide à trouver les **lettres muettes finales**.
  le bor**d** (une bor**d**ure, bor**d**er)   un sor**t** (un sor**t**ilège)   un sau**t** (sau**t**er)
- L'**étymologie** peut souvent expliquer l'**orthographe** d'un mot.
  lou**p** (de *lupus*)   cen**t** (de *centum*)   froi**d** (de *frigidus*)

✔ Je vérifie l'orthographe grammaticale

ÉTAPE 5
- Les **accords** dans le **groupe nominal** : j'encadre le déterminant qui commande l'accord du nom et de l'adjectif, je relie les mots par une flèche et je **vérifie l'accord**.
  Le**s** grand**s** arbre**s** vert**s**
- Les **accords sujet-verbe** : j'encadre le sujet, je le relie au verbe et je vérifie l'accord.
  Je vien**s**.   Les grands-parents arriv**ent**.
- **Terminaison** du verbe en **-é** ou **-er** : je remplace par un verbe du 3ᵉ groupe.
  Il a mang**é**. → Il a mord**u**.   Il vient de mang**er**. → Il vient de mord**re**.
- Les **homophones** : je les remplace par les mots « astuces ».
  a → avait / à ≠ avait   son → le sien / sont → étaient
  et → et puis / est → était   on → il / ont → avaient
  ce + nom (un) / se + verbe (me)   ces → ceux-là / ses → les siens

J'APPLIQUE LA MÉTHODE

1 ■ **Soulignez la bonne terminaison ou le mot correct en gras.**

> On ne peut vraiment rien trouv**é/er** de plus délicieux, de plus retir**é/er** que **ce/se** petit village perdu au milieu des roch**e/es**, intéressant par son double côté marin et pastor**ale/al**. Tous pêch**eur/eurs** ou labour**eur/eurs**, les gens d'ici **ont/on** l'abord rude, peu engageant. Ils ne vous invit**e/ent** pas à rest**er/é** chez eux, au contraire. Peu à peu pourtant ils s'humanis**ent/es**, et l'on est étonn**er/é** de voir sous **ces/ses** durs accueils des êtres naïfs **et/est** bons.
>
> D'après **Alphonse Daudet**, « La moisson au bord de la mer », in *Contes du lundi* (1873)

2 ■ **Complétez par la forme qui convient :** *a* ou *à, on* ou *ont*.

1. Ce matin, ... a étudié un conte merveilleux.
2. Les randonneurs .... réussi .... franchir le sommet.
3. On s'est amusé .... lancer des galets .... la surface de l'eau.
4. Le coursier .... apporté .... ma mère les fleurs qu'............ lui .... commandées.

3 ■ **Réécrivez les mots entre parenthèses en respectant les accords.**

Curieusement, la forêt fait peur ! Sombre et (*mystérieux*) ...., sauvage et parfois (*hanté*) ...., elle a sans cesse été (*considéré*) .... comme le repaire des spectres et des brigands. À force de perpétuer ces (*ancien*) .... croyances et superstitions, l'humain n'a cessé de combattre la forêt comme si elle (*être*, **imparfait**) .... son ennemie.

4 ■ **Surlignez les mots qui commandent les accords des mots en gras.**

> Ce jour-là, ils **traînaient** le long des **chemins** et leurs **pas** semblaient alourdis de toute la mélancolie du temps […]. Quelques-uns cependant, les grands, **étaient** déjà dans la cour de l'école et **discutaient** avec animation. Le père Simon, le maître, sa calotte en arrière et ses lunettes sur le front, dominant les yeux, **était installé** devant la porte qui **donnait** sur la rue.
>
> **Louis Pergaud**, *La Guerre des boutons* (1912)

5 ■ 🖍 **J'APPLIQUE POUR ÉCRIRE** **Vos parents font quelques travaux dans votre chambre. Décrivez les différents changements opérés en utilisant un vocabulaire précis, en vérifiant l'orthographe et en utilisant le niveau de langue courant.**

55 BILAN Orthographe

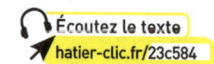

▶ Vérifiez que vous avez bien compris les Fiches 45 à 52 avant de traiter ce bilan.

Avant sa venue, lorsque le cours était fini, à quatre heures, une longue soirée de solitude **commençait** pour moi. Mon père transportait le feu du poêle de la classe dans la cheminée de notre salle à manger ; et peu à peu les derniers gamins attardés **abandonnaient** l'école refroidie où **roulaient** des tourbillons de fumée. Il y avait encore quelques jeux, des
5 galopades dans la cour ; puis la nuit venait ; [les deux élèves qui avaient balayé la classe cherchaient sous le hangar **leurs capuchons et leurs pèlerines**], et ils partaient bien vite, leur panier au bras, en laissant le grand portail ouvert...

Alain-Fournier, *Le Grand Meaulnes* (1913)

1 Recopiez ces expressions tirées du texte en remplaçant le mot en gras par celui entre parenthèses. 3 POINTS

lorsque le **cours** était fini *(leçon)* →
les derniers **gamins** attardés *(jeunes filles)* →
le grand **portail** ouvert *(porte)* →

2 Transposez ces groupes nominaux au singulier ou au pluriel. 4 POINTS

le feu : .... les jeux : ....
leur panier : .... le portail : ....

3 a. Encadrez les sujets des verbes soulignés et surlignez les noms noyaux de ces sujets.
b. Réécrivez ces sujets en les transposant au singulier ou au pluriel. 8 POINTS

....
....

4 Relevez dans le texte deux participes passés employés comme adjectifs et précisez avec quel mot ils s'accordent. 2 POINTS

....

5 Recopiez le passage entre crochets en remplaçant le groupe de mots en gras par un pronom personnel et en mettant le verbe principal au passé composé. 3 POINTS

....

6 Inventez deux ou trois phrases racontant ce que faisaient les deux derniers élèves après leur départ. Vous utiliserez des homophones de [on], [la], [se], [ses] (au moins quatre). 4 POINTS

....
....
....

JE COMPRENDS L'ORTHOGRAPHE D'UN TEXTE ET JE SAIS ME RELIRE

Ma note globale : .... / 24

▶ entre 0 et 8 points : à consolider
▶ entre 9 et 16 points : maîtrisé
▶ entre 17 et 24 points : dépassé

56 Dictée préparée — Orthographe

> Le texte que va vous dicter votre professeur s'appuie sur les notions travaillées dans les Fiches 45 à 49. Vérifiez que vous les avez bien comprises avant de commencer la dictée.

JE RÉVISE ET JE PRÉPARE LA DICTÉE

1 Transposez les groupes nominaux au singulier ou au pluriel. ▶ Fiches 45 à 47

1. des endroits délicieux : ....
2. un haut mur : ....
3. un rosier grimpant : ....
4. une longue branche : ....
5. un léger rideau flottant : ....

2 Complétez avec le participe passé du verbe entre parenthèses et accordez-le si besoin. ▶ Fiche 49

1. ils étaient (*recouvrir*) .... 3. ils étaient (*mourir*) ....
2. des branches (*enchevêtrer*) .... 4. ils avaient (*pousser*) ....

3 Recopiez ces mots et retenez leur orthographe : enchevêtré, hivernal, toutefois, bientôt, des quantités. ....

J'ÉCRIS LA DICTÉE   🎧 Écoutez la dictée hatier-clic.fr/23c585

....
....
....
....
....
....
....
....

JE RELIS MA DICTÉE

▸ **Première relecture** Je cherche les verbes et participes passés et je vérifie leur accord.
▸ **Deuxième relecture** Je repère les groupes nominaux et vérifie les accords.

 SE CORRIGER EN BINÔME   Je **souligne** mes erreurs dans la dictée et je les **corrige** dans le tableau ci-dessous. En binôme, je réfléchis à ce que je dois **vérifier** pour ne plus les refaire.

LES MOTS CORRIGÉS	COMMENT NE PLUS REFAIRE CES ERREURS

57 L'origine des mots et les familles de mots

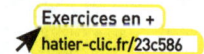

Le mot **rire** vient du latin *ridere*. Le mot **théâtre** vient du grec *theatron*.

- L'étude de l'origine des mots et de leur évolution s'appelle l'**étymologie**.
- Les mots français viennent majoritairement du **latin** et du **grec**.
- Les mots d'une **même famille** sont formés à partir du **même radical**.
    sort   sortilège   sorcière   ensorceler
- Le **radical** des mots d'une même famille peut avoir des **formes différentes**.
    mineur   minorité   minoritaire

> **Vérifiez que vous avez bien compris la leçon :**
> **donnez un mot français issu de ces mots latins et grec.**
> epeisodion : ....   medicus : ....   templum : ....

1 ▪ Trouvez les mots français issus des mots grecs ou latins suivants.
1. *facilis* : ....
2. *mythos* : ....
3. *classis* : ....
4. *humanitas* : ....
5. *galaxias* : ....
6. *pax* : ....
7. *vehiculum* : ....
8. *Chronos* : ....
9. *phonè* : ....

2 ▪ Trouvez un mot français dont l'orthographe s'explique par les lettres en gras du mot latin ou grec.
1. cam**p**us : ....
2. frigi**d**us : ....
3. pon**t**is : ....
4. lactis : ....
5. centum : ....
6. gra**ph**ein : ....
7. san**gu**is : ....
8. pul**s**us : ....
9. pug**n**us : ....

3 ▪ Pour chaque liste, dites s'il s'agit d'une famille de mots et, si c'est le cas, précisez-la.
1. literie • litière • lit • alité : ....
2. s'assoupir • repos • rêve • lit : ....
3. nuitamment • nuitée • nocturne • noctambule : ....
4. lumineux • allumer • luminosité • enluminure : ....

4 ▪ Classez les mots par famille.
exportation • maniable • déportation • reportage • remanier • manucure • rapporter • emportement • manœuvre • manufacturer • manipuler • support • portable

Famille de *porter*	Famille de *main*
....	....
....	....

5 ■ **Complétez chaque famille de mots selon la classe grammaticale.**

Noms	Verbes	Adjectifs
....	....	frontal
....	peupler, dépeupler, repeupler	....
lait, laitage	....	....
....	voir, prévoir	....
....	....	glacial, glacé, verglacé

6 ■ 📖 **J'APPLIQUE POUR LIRE** **a.** Soulignez deux mots de la même famille.
b. Encadrez les quatre mots du texte formés à partir des racines latines suivantes :
humilis ; *sclavus* ; *scientia* ; *servire*.

> SGANARELLE. – Ah ! nourrice, charmante nourrice, ma médecine est la très humble esclave de votre nourricerie [...]. Tous mes remèdes, toute ma science, toute ma capacité est à votre service.
>
> **Molière**, *Le Médecin malgré lui* (1666)

7 ■ 💬 **J'APPLIQUE POUR DIRE** Donnez un mot ; un(e) autre élève doit trouver le maximum de mots appartenant à la même famille. Puis inversez les rôles.
Ex. : espace → spatial, espacer, spationaute...

8 ■ ✏️ **J'APPLIQUE POUR ÉCRIRE** Racontez votre dernière semaine de vacances en utilisant des mots contenant les éléments grecs suivants : *biblio-* (lieu de dépôt de livres) • *photo-* (lumière) • *géo-* (terre) • *télé-* (distant) • *poly-* (plusieurs).

....
....
....
....
....

DÉJÀ FINI ?

 **9** Barrez les intrus qui n'appartiennent pas à la famille de mots indiquée.
   1. Cheval (du latin *equus*) : équitation • équitable • équestre • équidé • équivalent • équilatéral
   2. Mer (du latin *mare*) : maritime • merveille • marée • marmelade • mariné • marginal
   3. Entendre (du latin *audire*) : auditoire • audacieux • audible • accourir • audition • auréolé

DÉFI ! 10 a. À partir des éléments grecs donnés, inventez des mots correspondant aux définitions.
   b. Inventez ensuite une phrase dans laquelle ils apparaîtront.
crypto- (qui est caché) • *hippo-* (lié au cheval) • *-phone* (qui parle) • *-scope* (qui observe)

   1. Qui parle la langue des chevaux : ....
   ....
   2. Qui permet d'observer des objets cachés : ....
   ....

58 La formation des mots

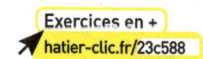

J'ai **perdu** mon chien ! Quelle **perte** ! Le navire est en **perdition**.

- La base d'un mot s'appelle le **radical** : c'est lui qui porte le **sens** d'origine du mot.
  <u>laid</u>   <u>laid</u>eur   en<u>laid</u>ir
- Il peut être précédé d'un **préfixe** qui sert à changer le sens du mot (*in-*, *dé-* : négatif ; *re-* : répétition).
  <u>in</u>direct   <u>re</u>lecture   <u>dé</u>faire
- Il peut être également suivi d'un **suffixe** qui change la classe grammaticale du mot.
  préfér<u>ence</u>   préfér<u>er</u>   préfér<u>able</u>
  nom   verbe   adjectif
- Les mots composés sont formés de **deux ou de plusieurs mots** qui sont le plus souvent :
  – reliés par un **trait d'union**   un perce-neige
  – reliés par une **préposition**.   une table à repasser
- Les éléments qui forment les mots composés peuvent être des **noms**, des **adjectifs**, des **verbes**, des **prépositions**…
  un <u>lave</u>-<u>mains</u>   une <u>machine</u> <u>à</u> <u>imprimer</u>   une <u>grand</u>-<u>mère</u>
  verbe nom   nom   prép. verbe   adj.   nom

> **Vérifiez que vous avez bien compris la leçon : complétez.**
> 1. Quel est le radical du mot *raisonnable* ? ....
> 2. Trouvez un mot ayant le même radical avec un suffixe : ....
> 3. Trouvez un mot ayant le même radical avec un préfixe : ....

1 Soulignez le radical et surlignez le préfixe et le suffixe.

impersonnel • repositionnable • déstructurer • exposition • coexister • arrangement • bicentenaire • transporteur • parasol • prévu • courir • détend • irrecevable

2 Donnez le contraire des mots, en ajoutant un préfixe.

1. légal : ....
2. patient : ....
3. buvable : ....
4. prudemment : ....
5. loyauté : ....
6. honnêteté : ....
7. moral (2) : ....
8. obéir : ....
9. juste : ....
10. former : ....
11. poli : ....
12. peupler : ....

3 Trouvez les mots composés correspondant aux définitions.

1. Deuxième moitié de la journée, qui commence après le déjeuner : ....
2. Outil nécessaire pour ouvrir les boîtes de conserve : ....
3. Monstre qui hurle les nuits de pleine lune : ....
4. Élément en tissu ou en verre qui entoure le haut des lampes : ....

4 ■ **Formez un nom à partir des verbes en utilisant un suffixe.**

1. déranger : ....
2. obéir : ....
3. provoquer : ....
4. mordre : ....
5. démettre : ....
6. doser : ....
7. fabriquer : ....
8. affaiblir : ....
9. incorporer : ....
10. border : ....
11. admirer : ....
12. finir : ....

5 ■ **Changez le suffixe pour obtenir un mot de la classe grammaticale demandée.**

1. *tolérer* ➜ nom : .... ➜ adjectif : ....
2. *créer* ➜ nom : .... ➜ adjectif : ....
3. *favorable* ➜ verbe : .... ➜ nom : ....
4. *social* ➜ nom : ....
5. *mordre* ➜ nom : ....
6. *réfléchir* ➜ nom : ....
7. *lire* ➜ nom : .... ➜ adjectif : ....
8. *provoquant* ➜ nom : .... ➜ verbe : ....

6 ■ 💬 **J'APPLIQUE POUR DIRE** **Donnez un mot ; votre voisin(e) doit l'associer à un autre mot pour former un mot composé. Puis inversez les rôles.**

Ex. : garde ➜ garde-barrière ; avant ➜ avant-première ;
belle ➜ belle-mère ; contre ➜ contre-jour.

7 ■ 📖 **J'APPLIQUE POUR LIRE** **Surlignez un mot composé et soulignez les radicaux des mots en gras.**

> *Arsène Lupin a laissé sa carte de visite chez l'homme qu'il vient de cambrioler.*
>
> [Il] avait laissé sa carte, ornée de cette **formule** : « Arsène Lupin, gentleman-cambrioleur, reviendra quand les meubles seront authentiques ». Arsène Lupin, l'homme aux mille **déguisements** : tour à tour **chauffeur**, ténor, bookmaker, fils de maille, adolescent, **vieillard**, commis voyageur marseillais, médecin russe, torero espagnol !
>
> Maurice Leblanc, *L'Arrestation d'Arsène Lupin* (1907)

DÉJÀ FINI ?

JEU **8** **Barrez tous les mots ayant un préfixe pour trouver l'énoncé d'une devinette que vous devrez résoudre.**

imposantimprobableréécrirequellesrepartirsoupesersontsuspendreconjointementlesapposition
prédictionlettresillettrismetransformationlesembarquementplusdéveloppertravailleuses ?

Devinette : ....
Réponse : ....

DÉFI ! **9** **Reconstituez les neuf noms composés corrects !** ⏱ 5 minutes

tire-bonheur • porte-fleur • gratte-matin • réveille-bouchon •
passe-gorge • arrière-rouge • chou-plats • arrière-ciel • plan-goût

....
....

59 La polysémie : sens propre et sens figuré, champ sémantique

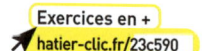

*Il est fragile du **cœur**. Il était au **cœur** du complot.*

- Certains mots peuvent avoir **différents sens** : on dit alors qu'ils sont **polysémiques**.
- Le **champ sémantique** est l'ensemble des sens d'un mot.
- Le **sens propre** est le premier sens du mot, c'est son sens principal. C'est souvent le sens concret du mot.   *Le chemin est sinueux.*
- Le **sens figuré** est le sens imagé, abstrait de ce mot.   *Il est sur le chemin de la réussite.*

Vérifiez que vous avez bien compris la leçon : expliquez à l'oral le sens du mot en gras dans chaque phrase.

Ce **fruit** est mûr.   Il a récolté les **fruits** de son travail.

Pour savoir si le mot est utilisé dans un **sens figuré**, demandez-vous si ce qui est exprimé est vraiment possible (Ex. : *C'est le cerveau de la bande.* → sens figuré).

1 ■ Cochez la bonne réponse dans le tableau.

	Sens propre	Sens figuré
1. Enzo a bon cœur.	.....	.....
2. Il a couru, alors son cœur bat très fort.	.....	.....
3. Je bois de l'eau.	.....	.....
4. Elle boit ses paroles.	.....	.....
5. Le chat a mis ses empreintes dans le ciment.	.....	.....
6. Ce professeur a laissé son empreinte dans le collège.	.....	.....

2 ■ Précisez si les mots soulignés sont utilisés dans leur sens propre ou figuré.

1. À l'automne, les arbres perdent leurs feuilles. ....
2. Mon grand-père devient dur de la feuille. ....
3. Une tuile est tombée du toit. ....
4. La nuit tombe vite en hiver. ....
5. Il est resté de marbre ! ....
6. Cette salle de bains est en marbre. ....

3 ■ Trouvez deux sens différents à chacun des mots suivants.

1. un éclair : ....
2. un lacet : ....
3. une serre : ....
4. une pile : ....
5. une bise : ....

4 ◻ **Pour chacun des mots, créez des phrases pour illustrer son sens propre et son sens figuré.**

1. dur (*sens propre*) : ....
dur (*sens figuré*) : ....
2. une dent (*sens propre*) : ....
une dent (*sens figuré*) : ....
3. cher (*sens propre*) : ....
cher (*sens figuré*) : ....

5 ◻ **Trouvez le sens figuré de ces noms de végétaux.**

1. regarder un navet : ....
2. raconter des salades : ....
3. avoir de l'oseille : ....

6 ◼ 📖 **J'APPLIQUE POUR LIRE**   Lisez cet extrait, puis suivez les consignes.

> La lettre libellée, le tsar la relut avec une **extrême** attention, puis il la signa après avoir fait précéder son nom de ces mots : « Byt po sémou » qui signifient : « Ainsi soit-il » et constituent la formule sacramentelle des empereurs de Russie.
>
> **Jules Verne**, *Michel Strogoff* (1876)

a. Employez chaque mot souligné dans une phrase de votre invention où il aura un autre sens.

1. lettre : ....
2. attention : ....
3. formule : ....

b. Donnez les différents sens du mot en gras.

extrême : ....

7 ◼ ✏️ **J'APPLIQUE POUR ÉCRIRE**   Choisissez un des mots ci-dessous et écrivez un petit texte qui joue sur son caractère polysémique : utilisez ce mot dans tous ses sens possibles.

pressé • planche • étoile • mouton

....
....
....

DÉJÀ FINI ?

JEU **8 Dessinez une expression, un(e) autre élève devine son sens. Puis inversez les rôles.**
Ex. : donner sa langue au chat, tirer les vers du nez, mettre les points sur les i…

DÉFI ! 9 Rédigez trois phrases qui illustreront les différents sens des mots suivants.   ⏱ 10 minutes

pièce • crête • ordonner • plante

....
....
....

60 Les niveaux de langue, la situation d'énonciation

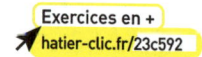

Le français, c'est trop d'la balle !   J'aime le français.   J'apprécie énormément le français.

- La **situation d'énonciation** est l'ensemble des indices qui précisent **qui parle** (l'émetteur), **à qui** (le destinataire), **quand** et **où** (temps et époque = cadre spatio-temporel).
Salut, **Tom**, **je** t'attends **devant le collège**, il est **8 h 20**. **Aïcha**

- Il y a **trois niveaux de langue** et on choisit l'un ou l'autre selon la situation d'énonciation.
  – Le **niveau familier** est utilisé à l'oral, pour s'adresser à des amis ou à des proches. Il se caractérise par des tournures incorrectes et de l'argot.
  – Le **niveau courant** s'emploie à l'oral et à l'écrit, c'est le plus usité. Il se reconnaît à des tournures correctes.
  – Le **niveau soutenu** s'emploie à l'écrit dans des textes officiels ou littéraires et se caractérise par des tournures et un vocabulaire recherchés.
      se magner (niveau familier)   se dépêcher (niveau courant)   se hâter (niveau soutenu)

> **Vérifiez que vous avez bien compris la leçon : complétez la phrase suivante.**
> « Je sais pas si Joe, qui est avec moi depuis une semaine à Angers, c'est mon pote, alors que toi, Noa, t'es mon ami d'enfance. »
> Dans cette phrase, le niveau de langue est ...., car certaines tournures grammaticales sont ....

1 ■ Classez dans le tableau les indices d'énonciation en gras.

1. **On vous** attend **depuis deux heures** !
2. **Vous** trouverez des mûres **dans les bois**.
3. Elle est passée **me** voir **hier**, **au travail**.
4. **Dans dix minutes**, **je** pars **d'ici**, sans **toi** !

Émetteur	Destinataire	Temps	Lieu

2 ■ Précisez le niveau de langue.

1. Vincent est un élève sérieux. → ....
2. Elle a vachement bien réussi le contrôle. → ....
3. Monsieur le Maire est secondé dans ses entreprises par son adjoint. → ....
4. Notre travail a été loué. Nous n'avons pas démérité ! → ....

3 ■ Imaginez chaque situation d'énonciation (émetteur, destinataire, lieu, moment).

1. « Où as-tu mal exactement ? » ....
2. « Allô ! Venez vite, je viens d'être cambriolé ! » ....
3. « Quel menu avez-vous choisi ? » ....

4 ● Complétez le tableau suivant.

Langage familier	Langage courant	Langage soutenu
....	voiture	....
....	....	établissement scolaire
planquer	....	....
....	....	affabulateur
bouffer	....	....

5 ● 📖 J'APPLIQUE POUR LIRE Lisez cet extrait, puis répondez aux questions.

> *Perrichon s'adresse à son domestique qui a laissé entrer un gêneur chez lui.*
> PERRICHON, *à Jean*. – Pourquoi as-tu laissé entrer cet homme qui sort d'ici ?
> JEAN. – Monsieur, il était déjà venu ce matin. J'ai même oublié de vous remettre sa carte.
>
> **Eugène Labiche**, *Le Voyage de Monsieur Perrichon* (1860)

a. Identifiez la situation d'énonciation de la première réplique.

....

b. Quel indice d'énonciation montre que Perrichon est le maître de Jean ?

....

6 ● ✏️ J'APPLIQUE POUR ÉCRIRE Transposez ce texte écrit en langage familier en récit écrit en langage courant.

Hier on a été au théâtre, on a vu *L'Avare*, c'était trop cool. Le début était un peu barbant, j'y comprenais rien, mais après quand Harpagon est arrivé j'ai commencé à bien me marrer. Il croyait que La Flèche lui avait piqué du fric, il arrêtait pas de le fouiller, il voulait même lui filer des coups de bâton.

....
....
....
....

DÉJÀ FINI ?

 **7** Résolvez la charade, puis complétez la phrase avec ce mot d'un niveau de langue soutenu.
Mon premier est une voyelle de l'alphabet. **Mon deuxième** est une céréale très consommée en Asie. **Mon troisième** est une boisson chaude.
Mon tout s'applique à quelqu'un qui n'est pas content.

Réponse : ....   Phrase : Mon père est .... contre le voisin.

DÉFI ! 8 Retranscrivez ces textos en français courant.

⏱ 5 minutes

1. Cc keske tu fé de bo ? ....
2. Com tu ve. ....
3. Sui avc lolo. ....
4. Tkt. ....

93

61 Les figures de style : comparaison, métaphore et personnification

- Les figures de style sont des **procédés d'écriture** qui visent à créer un effet sur le son ou le sens des mots.

- Une **comparaison** est le fait de rapprocher deux éléments grâce à un outil grammatical (*comme, tel que, pareil à, semblable à*...).

  Il était rouge   comme   une tomate.
  comparé   outil de   comparant
               comparaison

- La **métaphore** rapproche un comparé et un comparant sans outil grammatical.

  Il neige des pétales de fleurs.
  comparé   comparant

- La **personnification** attribue des caractéristiques humaines à ce qui n'est pas humain.

  L'eau du ruisseau chantait.
  non humain   humain

> **Vérifiez que vous avez bien compris la leçon : identifiez la figure de style soulignée.**
>
> 1. La mer brille comme un miroir. ....
> 2. La pluie danse sur le toit. ....
> 3. La route est un long ruban. ....

1 ◼ Analysez les comparaisons en complétant le tableau.

Phrases	Comparé	Comparant	Outil de comparaison
1. Ce tissu est doux comme une caresse.			
2. Ses yeux brillaient ainsi que des étoiles.			
3. La vague s'abattit, semblable à une muraille verte.			
4. Le chevalier s'élança, tel un lion furieux.			
5. Il est têtu comme son père.			

2 ◼ Indiquez le nom des figures de style en gras.

1. Les **flocons de neige ressemblent à des plumes**. ....
2. Il a traversé **les tempêtes de sa vie** sans désespérer. ....
3. **Le chien parlait au chat**, au coin du feu. ....
4. Le vieil arbre **tendait ses bras noueux** vers le sol. ....
5. Il mange trop : cet enfant est **un ventre** ! ....
6. Je **me noie dans le bleu de tes yeux**. ....

3 ◼ **Soulignez les métaphores et expliquez-les.**

1. Je prendrai une larme de cognac.
2. La terre est une poubelle.
3. Les perles de rosée brillent au soleil du matin.
4. Le grand miroir de la mer nous éblouissait.
5. La foule paraissait prendre racine.

4 ◼ 📖 J'APPLIQUE POUR LIRE **a. Soulignez une comparaison.**
b. Relevez une métaphore et expliquez-la.

> Le lion dort seul sous sa voûte,
> Il dort de ce puissant sommeil
> De la sieste, auquel s'ajoute,
> Comme un poids sombre, le soleil. [...]
> Son souffle soulève son ventre ;
> Son œil de brume est submergé,
> Il dort sur le pavé de l'antre,
> Formidablement allongé. [...]
>
> **Victor Hugo**, « La méridienne du lion », *Les Chansons des rues et des bois* (1866)

Métaphore

5 ◼ ✏️ J'APPLIQUE POUR ÉCRIRE **Complétez les phrases suivantes par une figure de style que vous préciserez.**

1. Elle veut retrouver sa taille ....
2. Ses paroles sont semblables à ....
3. Cet enfant a un visage .... !
4. La bouilloire .... dans la cuisine, d'un air joyeux. ....

DÉJÀ FINI ?

JEU **6** **Parmi les mots donnés, choisissez-en trois pour inventer des métaphores.**

Ex. : guépard → C'est un guépard quand elle court !
soleil • lune • étoile • bateau • nid • serpent • abeille

DÉFI ! **7** **Formez des métaphores avec les mots ci-dessous, puis insérez-les dans des phrases de votre invention.**

⏱ 7 minutes

poux • puce • cochon • crocodile • mule • cheval • vipère • loup • poule • canard

95

62 BILAN Vocabulaire

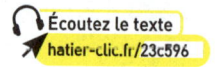

▶ Vérifiez que vous avez bien compris les Fiches 57 à 61 avant de traiter ce bilan.

> *Trois hommes ont été envoyés en orbite autour de la Lune grâce à un canon.*
>
> Grâce au courage et au dévouement de trois hommes, cette entreprise, assez futile en apparence, d'envoyer un boulet à la Lune, venait d'avoir un résultat immense, et dont les conséquences sont incalculables. Les voyageurs, emprisonnés dans un nouveau satellite, s'ils n'avaient pas atteint leur but, faisaient du moins partie du monde lunaire ; ils gravitaient
> 5 autour de l'astre des nuits, et pour la première fois, l'œil pouvait en pénétrer tous les mystères. Les noms de Nicholl, de Barbicane, de Michel Ardan, devront donc à jamais être célèbres dans les fastes astronomiques, car ces hardis explorateurs, avides d'agrandir le cercle des connaissances humaines, se sont audacieusement lancés à travers l'espace.
>
> **Jules Verne**, *De la Terre à la Lune* (1865)

1 Décomposez ces mots en préfixe, radical et suffixe. **6 POINTS**

incalculables : ....

emprisonnés : ....

agrandir : ....

2 Le mot *emprisonnés* (l. 3) est-il employé au sens propre ou au sens figuré ? Justifiez votre réponse. **3 POINTS**

....

....

3 Trouvez au moins deux mots de la même famille. **4 POINTS**

entreprise (l. 1) : ....

astronomiques (l. 7) : ....

4 Recopiez une métaphore désignant la lune. Qu'apporte-t-elle au texte ? **3 POINTS**

....

....

....

5 Imaginez que vous êtes en exploration spatiale et que vous découvrez une nouvelle planète. Inventez des mots composés pour la décrire. **8 POINTS**

Ex. : un cylindre-transport, un para-lune, un porte-laser

....

....

....

....

JE SAIS ANALYSER LE VOCABULAIRE D'UN TEXTE

Ma note globale : .... / 24

▶ entre 0 et 8 points : à consolider
▶ entre 9 et 16 points : maîtrisé
▶ entre 17 et 24 points : dépassé

63 Dictée préparée — Vocabulaire

▶ Le texte que va vous dicter votre professeur s'appuie sur les notions travaillées dans les Fiches 57 et 59. Vérifiez que vous les avez bien comprises avant de commencer la dictée.

JE RÉVISE ET JE PRÉPARE LA DICTÉE

1 Soulignez le radical des mots et surlignez les préfixes et/ou suffixes ▶ Fiche 57

1. thermomètre
2. dégel
3. transformer
4. infiniment
5. torrentielles
6. décomposition

2 Transformez ces adjectifs en adverbes grâce à un suffixe. ▶ Fiche 58

1. naturel →
2. absolu →
3. sourd →
4. tranquille →
5. rapide →
6. dur →

3 Réécrivez ces mots dans les niveaux de langue demandés. ▶ Fiche 60

1. **Courant :** se dépêcher → **Soutenu :**
2. **Courant :** → **Soutenu :** des pluies torrentielles
3. **Courant :** L'hiver dura très longtemps. → **Soutenu :**

J'ÉCRIS LA DICTÉE

Écoutez la dictée
hatier-clic.fr/23c597

JE RELIS MA DICTÉE

▶ **Première relecture** Je vérifie que j'ai tenu compte de la formation des adverbes pour les écrire correctement.

▶ **Deuxième relecture** Je cherche les verbes et je vérifie leur accord. Quand j'ai un doute, je cherche le sujet.

SE CORRIGER EN BINÔME

Je **souligne** mes erreurs dans la dictée et je les **corrige** dans le tableau ci-dessous. En binôme, je réfléchis à ce que je dois **vérifier** pour ne plus les refaire.

LES MOTS CORRIGÉS	COMMENT NE PLUS REFAIRE CES ERREURS

64 MÉTHODE Employer un vocabulaire précis et varié dans sa rédaction

✔ Je me crée une banque de mots

ÉTAPE 1

- La **lecture** est un exercice qui permet de rencontrer des **mots nouveaux** ou des mots connus employés dans d'autres contextes.
    carrure, flamboyer, palissade, furibond…
- Chaque mot nouveau dont on vérifie le **sens** dans un **dictionnaire** doit être noté dans un répertoire.
    furibond : qui manifeste une fureur, une colère excessive.
- Ces mots doivent être **réemployés** dans une phrase, pour s'habituer à leur emploi.
    Selma est furibonde d'avoir perdu sa première place au 100 mètres.

✔ Je veille aux sens des mots

ÉTAPE 2

- La recherche de **synonymes** et d'**antonymes** permet de varier son vocabulaire.
    une cabane : baraque, cahute, hutte (synonymes)
    demeure, manoir, palais (antonymes)
- Les mots d'une même **famille** peuvent aussi être utilisés ; un seul mot peut donner accès à plusieurs autres mots.
    chanter : chant, chanson, chansonnier, chanteur, chanteuse
- La constitution d'un **champ lexical** (à recopier dans son répertoire) permet d'accroître son lexique.
    le voyage : naviguer, bagages, embarquement, traversée, itinéraire, découverte…

✔ J'enrichis mes phrases

ÉTAPE 3

- Les **adjectifs qualificatifs** apportent des précisions sur les **noms** auxquels ils se rapportent.
    La grande rue animée était un point de rassemblement.
- Les **compléments du nom** (CDN) complètent un **nom** et en précisent le sens.
    Le chien de ma grand-mère aboie.
- Les **propositions subordonnées relatives** précisent aussi les caractéristiques d'un être ou d'une chose.
    La maison, qui est en bord de route, à gauche, est en ruine.

✔ J'utilise des verbes précis

ÉTAPE 4

- L'expression *il y a* est très vague. Je cherche un verbe qui décrit précisément la situation.
    Devant eux, il y a se dresse une montagne enneigée.
- Les verbes *avoir* et *être* ont des sens peu précis. Je cherche des verbes plus précis.
    Son sac à dos est pèse lourd.
    La cabane a possède une seule fenêtre.
- J'utilise parfois des synonymes pour les verbes *faire, mettre, dire*.
    Il fait offre un cadeau à sa sœur.
    Elle met enfile son manteau.
    Il fait commet des erreurs.

JE VÉRIFIE QUE J'AI BIEN COMPRIS

1 Précisez le sens de la phrase en ajoutant un adjectif qualificatif et une proposition subordonnée relative. Remplacez le verbe en gras par un verbe plus précis.

Nous **faisions** des châteaux de sable.

→ ....
....

J'APPLIQUE LA MÉTHODE

2 Complétez le tableau.

	Synonymes	Antonymes
1. riche		
2. grand		
3. effrayant		
4. crier		
5. accueillant		
6. la destruction		

3 Trouvez une dizaine de mots commençant par des lettres différentes pour construire le champ lexical de la campagne.

....
....

4 a. Trouvez au moins douze synonymes plus précis du verbe *dire*.

....
....

b. Employez un de ces verbes dans une phrase.
Ex. : Elle soutient qu'elle ne l'a jamais vu.

....

5 a. Soulignez les adjectifs qualificatifs, encadrez les compléments du nom et surlignez une proposition subordonnée relative.

> La lumière, qui éclairait le sol jusqu'à trente pieds au-dessous de la surface de l'océan, m'étonna par sa puissance. Les rayons solaires traversaient aisément cette masse aqueuse et en dissipaient la coloration. Je distinguais nettement les objets à une distance de cent mètres. Au-delà, les fonds se nuançaient des fines dégradations de l'outremer, puis ils bleuissaient dans les lointains, et s'effaçaient au milieu d'une vague obscurité.
>
> **Jules Verne**, *Vingt Mille Lieues sous les mers* (1870)

b. Qu'apportent tous ces éléments au texte ?

....
....

99

65 Le vocabulaire des genres littéraires

- Un genre littéraire est une catégorie d'œuvres présentant des **critères communs** dans leur **forme**, leur **tonalité** et/ou leur **contenu**.
- Il existe **trois principaux genres** : le genre narratif (contes, nouvelles…), le genre théâtral (comédie, tragédie…) et le genre poétique (ode, sonnet, calligramme…).

Vérifiez que vous avez bien compris la leçon : reliez chaque définition à son genre.

Texte en prose ou en vers, défini par sa musicalité et son rythme, découpé en strophes •
• Genre théâtral

Récit qui suit souvent un schéma narratif, découpé en chapitres et en paragraphes •
• Genre poétique

Récit conçu pour être joué en public •
• Genre narratif

1 ■ Classez ces mots dans le tableau selon le genre littéraire qu'ils évoquent.

drame • quatrain • rime • paragraphe • tirade • ballade • biographie • épopée • farce • sonnet • tragi-comédie • metteur en scène • science-fiction • roman policier • ode

Genre poétique	Genre narratif	Genre théâtral

2 ■ Complétez les phrases avec le vocabulaire du théâtre.

acte • scène • didascalies • exposition • dénouement • tragédie • comédie • dramaturge

1. Nous devons lire la totalité de la .... 4 de l'............... III pour demain.
2. Molière est un .... très connu.
3. Le .... de cette pièce n'était pas attendu !
4. Lire cette scène d'............... m'a permis de bien comprendre l'intrigue.
5. *Roméo et Juliette* est une vraie .... alors que *Le Médecin malgré lui* est une ....
6. Les .... nous donnent des indications sur le jeu des acteurs.

3 ■ Complétez les phrases avec le vocabulaire de la poésie.

rime • vers • prose • strophe • alexandrins • quatrains • sonnet

1. Un .... comprend deux .... et deux tercets.
2. Un distique est une .... de deux vers.
3. Je préfère les poésies classiques en .... aux poésies modernes écrites en ....
4. Les tragédies sont écrites en ....
5. Je me demande avec quoi .... le mot *bataille*.

4 ▪ Complétez les phrases avec le vocabulaire du genre narratif.

narrateur • conte • fiction • personnage • paragraphes • chapitres • épopée • héros

1. *La Chanson de Roland* est une .... datant du Moyen Âge.
2. Dans une biographie, le .... raconte la vie d'une autre personne.
3. Le .... est une .... qui fait intervenir le merveilleux.
4. Le .... principal d'une narration est en général le .... de l'histoire.
5. Nous devons réécrire trois .... de cet extrait.
6. Le professeur nous a demandé de lire cinq .... du roman étudié.

5 ▪ J'APPLIQUE POUR LIRE — Complétez le tableau : précisez à quel genre appartiennent les extraits suivants et les indices qui vous ont permis de répondre.

EXTRAIT 1

TOINETTE. – Que demandez-vous, Monsieur ?

CLÉANTE. – Ce que je demande ?

TOINETTE. – Ah, ah, c'est vous ? Quelle surprise ! Que venez-vous faire céans ?

Molière, *Le Malade imaginaire* (1673), acte II, scène 1

EXTRAIT 2

Demain, dès l'aube, à l'heure où blanchit la campagne,
Je partirai. Vois-tu, je sais que tu m'attends.
J'irai par la forêt, j'irai par la montagne.
Je ne puis demeurer loin de toi plus longtemps.

Victor Hugo, « Demain, dès l'aube », in *Les Contemplations* (1856)

EXTRAIT 3

La tâche était rude. Persée, déjà prudent, se fit équiper confortablement par les divinités secourables aux héros. Minerve lui donna son bouclier et son miroir. Pluton le coiffa d'un casque qui le rend invisible et Mercure lui confia ailes et talonnières. Le fils de Danaé n'a plus qu'à se rendre aux confins du monde occidental où résident les dangereuses gorgones qu'il s'agit de découvrir.

Émile Genest, *Contes et Légendes mythologiques* (1929)

	Genre littéraire	Indices relevés
Extrait 1	....	....
Extrait 2	....	....
Extrait 3	....	....

6 ▪ J'APPLIQUE POUR ÉCRIRE — Rédigez un court texte narratif dans lequel vous raconterez votre dernière rencontre avec votre grand-père ou votre grand-mère. Puis transposez ce texte dans le genre théâtral.

....
....
....

66 Le vocabulaire du voyage et de l'aventure

- Le voyage est un thème que l'on trouve surtout dans les **romans d'aventures.**
- Lors des épreuves qu'il affronte en voyageant, le héros **se connaît de mieux en mieux**, c'est donc un **moment d'apprentissage** pour lui.
- Le voyage est une **quête initiatique** car il transforme le héros.

Vocabulaire de l'aventure	obstacle, chercher, découvrir, trésor, ...
Vocabulaire du voyage	marcher, randonnée, balade, excursion, périple, équipée, traversée, ...
De grands voyageurs célèbres	Jacques Cartier, Marco Polo, James Cook, ...

**Vérifiez que vous avez bien compris la leçon :
complétez le tableau avec vos propres exemples (au moins un mot par case).**

1 ■ Trouvez au moins six synonymes du mot *voyage*.

....
....

2 ■ Complétez les phrases avec ces mots appartenant au champ lexical de la navigation.
longitude • tribord • pavillon • gouvernail • bâbord • latitude • cap • boussole

1. Pour trouver l'emplacement de l'île, il suffit d'en connaître la .... et la ....
2. C'est le capitaine qui reste au .... pour diriger le bateau.
3. La cabine de Sophie est à droite, c'est-à-dire à .... et celle d'Assim est à gauche, c'est-à-dire à ....
4. Il est difficile de tenir le .... sans la .... qui est cassée.
5. Ce sont des pirates ! Je les reconnais à leur .... terrifiant.

3 ■ Complétez le tableau suivant.

Expression	Sens propre	Sens figuré
Avoir le vent en poupe		
Perdre le nord		
Larguer les amarres		
Mettre les voiles		

4 💬 **J'APPLIQUE POUR DIRE** Choisissez un personnage aventurier, un(e) autre élève donne le champ lexical de ses exploits. Puis inversez les rôles.

Ex. : Ulysse → ruse, cyclope, sirène, guerre, tempête, dieux, vengeance

5 📖 **J'APPLIQUE POUR LIRE** **a.** Quelle situation inquiétante le héros doit-il affronter ?
b. Soulignez les expressions qui précisent que la situation semble désespérée.
c. Quel est l'élément qui indique que le héros va s'en sortir ?

> Quand il se vit enterré tout vif, le jeune garçon appela mille fois son oncle en criant qu'il allait lui donner la lampe ; mais ce fut en vain. Il s'assit sur les marches, dans le noir et se mit à pleurer. Il demeura deux jours ainsi, sans manger ni boire. Le troisième jour, sentant sa mort proche, il joignit les mains et appela Dieu. Mais en faisant ce geste, il fit tourner sans y penser l'anneau que le magicien lui avait mis au doigt. Aussitôt apparut un énorme génie au regard épouvantable.
>
> *Les Mille et Une Nuits* (VIIIᵉ siècle), traduit de l'arabe par Antoine Galland et adapté par Hélène Potelet

a. ....

c. ....

6 ✏️ **J'APPLIQUE POUR ÉCRIRE** Imaginez que vous êtes un compagnon de voyage de Christophe Colomb. Racontez une journée à bord en utilisant les mots suivants.

caravelle • faim • chaloupe • tribord • équipage • boussole

....

DÉJÀ FINI ?

 **7** Trouvez la solution de cette charade.

Mon premier est un préfixe qui signifie « dehors ». ....
Mon deuxième est la 16ᵉ lettre de l'alphabet. ....
Mon troisième est un nombre à deux chiffres et inférieur à vingt. ....
Mon quatrième est le verbe *scier* au présent à la 1ʳᵉ personne du pluriel. ....
Mon tout complète la phrase suivante.
Une nouvelle .... a été organisée au pôle Sud.

 **8** Réalisez un abécédaire de l'aventure.

⏱ 10 minutes

A	B	C	D
E	F	G	H
I	J	K	L
M	N	O	P
Q	R	S	T
U	V	W	X
Y	Z		

103

67 Le vocabulaire de l'héroïsme

- Dans l'Antiquité, le héros est un **demi-dieu**, né d'un être humain et d'une divinité.
- Au Moyen Âge, le héros est un **chevalier** d'une **force** et d'un **courage prodigieux**. Il accomplit des **exploits hors du commun**, on dit alors que c'est un héros **épique**.
- De nos jours, les héros ou héroïnes prennent l'image de **super-héros ou super-héroïnes** qui accomplissent des exploits surhumains à l'aide de **pouvoirs fantastiques**.

Héros et héroïnes antiques	Hercule, Pénélope, Ulysse, Énée,
Héros du Moyen Âge	Arthur, Perceval, Yvain,
Super-héros et super-héroïnes	Hulk, Wonderwoman, Flash,
Faits et actions héroïques	trouver le Graal, sauver le monde,
Récits héroïques	*La Chanson de Roland*, l'*Odyssée*, l'*Énéide*,

**Vérifiez que vous avez bien compris la leçon :
complétez chaque case du tableau avec vos propres exemples.**

1 ▪ Trouvez dix synonymes du nom *héros*.

....
....

2 ▪ Trouvez au moins dix mots appartenant au champ lexical de l'héroïsme.

....
....

3 ▪ Classez ces mots dans le tableau suivant.

le regard vif • la beauté • la fidélité • l'endurance • l'audace • la force • l'invincibilité • la générosité • la sagesse • la puissance • la vitesse • la bravoure • la ténacité • la hardiesse

Les qualités physiques	Les valeurs morales

4 ▪ Donnez les noms correspondant aux adjectifs suivants.

1. hardi : .... **5.** vaillant : ....
2. bon : .... **6.** périlleux : ....
3. brave : .... **7.** perspicace : ....
4. généreux : .... **8.** épique : ....

5 **Trouvez les antonymes des mots suivants.**

1. audacieux : ....
2. astucieux : ....
3. vaillant : ....
4. robuste : ....
5. modeste : ....

6. sage : ....
7. fort : ....
8. musclé : ....
9. généreux : ....
10. fougueux : ....

6 📖 **J'APPLIQUE POUR LIRE** **a. Soulignez dans le texte les mots appartenant au champ lexical du combat.**

> Au milieu du carnage bondit l'Amazone Camille, un carquois sur l'épaule, un sein nu pour le combat : tantôt elle lance coup sur coup avec la main des javelots pliants ; tantôt elle fait voltiger d'un bras infatigable la pesante hache ; sur son épaule résonnent son arc d'or et les armes de Diane. Quelquefois repoussée et forcée de fuir, elle se retourne, et tout en fuyant décoche ses flèches meurtrières. À ses côtés combattent ses compagnes d'élite[1], Larina, Tulla et Tarpeïa.
>
> **Virgile**, *Énéide* (Ier siècle av. J.-C.), traduit du latin par C. Nisard
>
> 1. **D'élite** : d'une valeur hors du commun.

b. Pourquoi le narrateur exagère-t-il les prouesses de l'héroïne ? Quelles sont les valeurs mises en avant ?

....
....
....
....

7 ✏️ **J'APPLIQUE POUR ÉCRIRE** **Vous êtes un super-héros ou une super-héroïne. Imaginez un de vos combats contre des aliens venus envahir la Terre.**

....
....
....
....
....

DÉJÀ FINI ?

JEU **8** **Remettez les lettres dans l'ordre pour découvrir les noms de quatre héros.**

RRUAHT : ....
NSOAJ : ....
MPNAISEDR : ....
KRSYLAWEK : ....

DÉFI ! **9** **À l'oral, faites deviner des héros à vos camarades sans mentionner leurs pouvoirs et sans les décrire physiquement et moralement. Présentez-les de façon humoristique.**

Ex. : Ses vêtements sont par moments trop petits pour lui → Hulk.

68 Le vocabulaire des relations avec autrui : famille, amis, réseaux

Exercice en +
hatier-clic.fr/23c5106

- Le mot *famille* vient du latin *familia* : « domesticité, maisonnée ». C'est une communauté de **personnes unies par un lien de parenté**.

- L'**amitié** est un sentiment d'**affection réciproque**, c'est une relation privilégiée qui peut reposer sur des goûts communs ou un sentiment d'admiration.

- Un **réseau** est un ensemble de personnes **en relation dans un même but**.

Famille	Amis	Réseaux
frère, sœur, père, mère, tante, oncle, ...	copain, compagnon, ...	réseaux sociaux, ...

**Vérifiez que vous avez bien compris la leçon :
complétez le tableau avec vos propres exemples (au moins un mot par case).**

1 Reliez ces mots de la famille à leur définition.

Gendre •
Bru •
Neveu •   • frère de ma mère ou de mon père
Oncle •   • mari de ma fille
Cousine •   • père de mon grand-père ou de ma grand-mère
Beau-fils •   • sœur de mon père ou de ma mère
Tante •   • mère de ma mère ou de mon père
Grand-mère •   • épouse de mon fils
Belle-fille •   • fille de mon oncle ou de ma tante
Arrière-grand-père •   • fils de ma sœur ou de mon frère

2 Classez dans le tableau les actions suivantes.

faire des croche-pieds • inviter chez soi • jouer ensemble • faire équipe • se moquer • harceler • isoler • aider • exclure • être solidaire • ignorer • rejeter • accompagner

Comportement amical	Comportement inamical

3 Classez ces mots en synonymes ou antonymes du nom *amitié*.

affection • hostilité • malveillance • désaccord • sympathie • camaraderie • séparation • haine • attachement • entente • aversion • tendresse

Synonymes d'*amitié*	Antonymes d'*amitié*

4 ■ **Complétez ces phrases avec des mots de la même famille que ceux indiqués entre parenthèses.**

1. Hazim et Mathieu sont tellement inséparables qu'on dirait qu'ils ont des liens (frères) ....

2. Qu'il a grandi ! Il est déjà à l'école (mère) ....

5 ■ **Remplacez par un adjectif les propositions relatives soulignées.**

1. une relation qui dure : ....
2. une amitié qui n'est pas fragile : ....
3. des liens qu'on ne peut pas détruire : ....
4. une relation qui naît : ....
5. une amitié qui a du prix : ....

6 ■ 💬 **J'APPLIQUE POUR DIRE** Exposez trois avantages et trois inconvénients à l'utilisation des réseaux sociaux.

Avantages : ....

....

Inconvénients : ....

....

7 ■ ✏️ **J'APPLIQUE POUR ÉCRIRE** Racontez votre dernière dispute avec un(e) ami(e) en utilisant les mots de cette liste et d'autres mots du même champ lexical.

se quereller • faire la paix • admettre ses torts • pardonner • altercation • se serrer la main

....

....

....

....

DÉJÀ FINI ?

JEU 8 Remettez les lettres dans l'ordre pour trouver quatre sentiments négatifs dans une relation.

1. IEAUOSLJ ....   3. RLCOEE ....
2. THONE ....   4. EEIAFNDC ....

DÉFI ! 9 a. Résolvez cette devinette sur les liens de parenté. ⏱ 10 minutes

Un homme regarde une photo. Quelqu'un lui demande qui il regarde. Il répond :
« Je n'ai ni frère ni sœur, mais le père de l'homme représenté ici est le fils de mon père. »
Qui est sur la photo ? ....

b. À votre tour, inventez une devinette sur ce thème.

....

....

....

69 Le vocabulaire de l'imaginaire

Certains **genres littéraires** font particulièrement appel à l'imaginaire.

- La **poésie**, par les jeux de langage et les images, permet de recréer le monde.
- L'imaginaire s'exprime dans les **contes merveilleux** : des personnages féeriques, des animaux doués de parole, des lieux incroyables et des objets magiques.
- Le **récit d'anticipation, de science-fiction** annonce un futur imaginaire. Il s'appuie sur les avancées technologiques.

Vocabulaire de la poésie	métaphore, personnification,
Vocabulaire du merveilleux	génie, fée, vœux, formule magique, tapis volant, métamorphose, sortilège,
Vocabulaire de l'anticipation	invention, découverte, innovation, robotique, virus, vaccin, technologie, informatique,

**Vérifiez que vous avez bien compris la leçon :
complétez ce tableau avec vos propres exemples (au moins un mot par case).**

1 ■ **Classez les mots suivants dans le tableau.**

humanoïde • charme • vœux • projection • artificiel • enchanteresse • calembour • sonorité • magie • fabuleux • mot-valise • images • virtuel • robot

Poésie	Merveilleux	Anticipation

2 ■ **Trouvez des synonymes aux adjectifs suivants.**

1. Mystérieux :
2. Extraordinaire :
3. Sublime :

3 ■ **Notez des mots appartenant au champ lexical du merveilleux.**

4 ■ ✏️ **J'APPLIQUE POUR ÉCRIRE** Décrivez des mondes nouveaux qui seront découverts dans le futur. Employez au moins cinq mots appartenant au vocabulaire de l'anticipation.

70 La grammaire en JEUX — Vocabulaire

▶ Faites ces jeux à votre rythme.

1 MÉLI-MÉLO Reliez chaque mot à son origine grecque ou latine.

1. pied • • *malakos* (grec)
2. naval • • *formica* (latin)
3. signal • • *inflare* (latin)
4. mou • • *navis* (latin)
5. enfler • • *pedis* (latin)
6. fourmi • • *signum* (latin)

2 RANGE-MOTS Rendez chaque mot à sa famille, puis barrez l'intrus.

comptable • raconter • comté • content • décompte • vicomte • conteur • acompte • comtesse • racontar • comptoir

Famille de *compte*

Famille de *conte*

Famille de *comte*

3 DEVINETTES Trouvez le mot qui correspond aux définitions.

1. Je suis un mot de la famille de *mentir*, je désigne une parole malhonnête, je suis un ....
2. Je suis un mot de la famille d'*aquatique*, je suis d'eau de mer ou d'eau douce, je suis un ....
3. Je suis un mot de la famille de *pendre*, on peut y suspendre des habits, je suis une ....

4 REMUE-MÉNINGES Utilisez ces mots dans un sens figuré pour compléter les expressions. Indiquez ensuite le sens de ces expressions.

cheveux • jambes • âne • linotte • coq

1. Ne passe pas sans arrêt du .... à l'............... ! = ...
2. Ne coupe pas les .... en quatre. = ...
3. Il a pris ses .... à son cou. = ...
4. Tu as encore oublié : tu es vraiment une tête de .... ! = ...

5 CHASSE À L'INTRUS Soulignez l'intrus de chaque phrase n'appartenant pas au même niveau de langue et remplacez-le par un mot adapté.

1. Un cocktail de bienvenue vous est proposé, mais auparavant, je vous invite à aller poser vos valoches. → ....
2. J'habite cet immeuble depuis cinq ans avec mes parents et mes frangins. → ....
3. J'en ai marre de ce pote, il est relou, il fait que me réprimander. → ....
4. Je vais repeindre cette pièce, il y a longtemps que ma piaule en a besoin. → ....
5. Cette demeure est d'une mocheté incroyable ! → ....

71 MÉTHODE Bien travailler un brouillon de rédaction

✔ J'analyse le sujet

ÉTAPE 1

- Je recopie le sujet de rédaction sur ma feuille de brouillon. Je souligne les **mots-clés** du sujet, c'est-à-dire les mots essentiels qui indiquent ce qu'il faut rédiger.
    Relisez le texte page 99. Le narrateur aperçoit une épave au cours de sa promenade sous-marine. Il pénètre à l'intérieur et fait une découverte surprenante. Racontez.

- Je résume ce que le sujet demande pour m'assurer, tout au long du devoir, de bien en traiter **tous les aspects.**
    personnage : le narrateur = je   **lieu** : une épave, au fond de la mer
    récit : une découverte surprenante

✔ Je cherche des idées

ÉTAPE 2

- Poser des **questions** est un bon moyen de trouver des idées.
    De quelle épave s'agit-il ? Que va-t-il y trouver ? Une découverte positive ou négative ?

- Je note les **idées** les unes au-dessous des autres, sans hiérarchie.
    un bateau de pirates – un trésor de pièces et de pierres précieuses –
    un requin – un canon – un squelette au gouvernail – des diamants – peur – fuite...

- Je regroupe les idées par **thèmes** en surlignant les mots.
    Rencontres désagréables : le squelette au gouvernail, le requin...

✔ Je construis le plan de ma rédaction

ÉTAPE 3

- Je trie mes idées selon leur **importance** ou leur **pertinence**.
  Je barre celles qui sont inintéressantes.

- Le plan peut se faire en **plusieurs parties**. Je donne un **titre** à chacune.
    1. La visite de l'épave   2. La découverte du trésor   3. L'attaque du requin

- Je commence chaque nouvelle partie par un **mot de liaison** (ou connecteur logique) pour montrer la progression logique du récit.
    alors   ensuite   puis   enfin...

- Le plan peut aussi, pour être plus visuel, être créé sous forme de **carte mentale** ou de **schéma**.

- Je rédige seulement au brouillon l'**introduction** et la **conclusion**.

✔ Je relis et j'améliore ma rédaction

ÉTAPE 4

Après avoir **rédigé au propre** en suivant mon plan, je me relis pour faire différentes vérifications.

- Le **contenu** : il doit répondre à la consigne pour ne pas être hors sujet.

- La rédaction doit être structurée en **paragraphes**.

- Le **vocabulaire** doit être varié, j'évite les répétitions et j'utilise des mots précis.
    le pirate → le flibustier, le pillard, le boucanier
    ~~Il y a~~ une voiture sur la route.   Une voiture **roule/circule** sur la route.

- Les phrases doivent être **bien construites**, sans incohérence.

- Je vérifie l'**orthographe** et la **grammaire**.

J'APPLIQUE LA MÉTHODE

1 ■ **Soulignez les éléments importants du sujet et résumez-le.**

Dans le futur, une famille d'aventuriers arrive en fusée sur une planète inconnue. Le spectacle est surprenant. Racontez leurs premiers pas sur cette planète et décrivez leurs impressions et sensations. Le récit est au passé. Vous veillerez à utiliser le vocabulaire de l'aventure étudié en cours.

Résumé du sujet : ....

....

2 ■ **Complétez le texte par les mots de liaison suivants :** *alors, aussi, d'une part… d'autre part, pourtant, donc.*

1. Je ne veux pas sortir ce soir : ...., il fait froid, ..., je suis fatigué.

2. Vous étiez en retard ce matin, ..., je vous prierais d'être à l'heure demain.

3. Elle n'a pas reçu ma lettre, ..., je l'ai bien envoyée !

4. Il a fait des efforts en écriture, ... je lui donne un point supplémentaire.

5. Ils étaient seuls à la maison, ... ils se sont enfermés à clé.

3 ■ **Classez ces mots dans trois colonnes dont vous trouverez le thème. Puis faites le portrait d'un personnage d'une de vos lectures sur une feuille à part.**

corpulence • généreux • fier • mâchoire • front • démarche • jambes • énergique • teint • taille • allure • ombrageux • nez • cou • volonté • souple • audace

Thème 1 :	Thème 2 :	Thème 3 :

4 ■ **Vous devez décrire une tempête en un paragraphe, au passé. Relisez ce brouillon et faites tous les changements nécessaires aux mots en gras pour l'améliorer.**

> Là, le ciel **était bleu**. La campagne **était** verte et on **entendait** le son des cloches dans le **ciel bleu**. Quand soudain, on **apercevait** des nuages gris dans **le ciel** : c'est la **tempête**. Un **brouillard** est sur cette campagne qui était tantôt **ensoleillée** tantôt pluvieuse. Les volets des maisons **faisaient du bruit** et il commençait à **pleuvoir**. Il y **avait** des bergers qui **se mettaient** sous leur manteau.

....
....
....
....
....

72 Structurer un récit avec des connecteurs

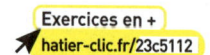

- Les connecteurs sont des **mots de liaison** qui servent à **organiser la progression d'un récit.** Ils permettent de relier des idées, des propositions ou des phrases.
- Il existe trois types de connecteurs :
  – les **connecteurs spatiaux** : ils organisent l'espace dans une description
  devant, là, en haut, derrière…
  – les **connecteurs temporels** : ils permettent de situer dans le temps les faits les uns par rapport aux autres
  hier, demain, depuis (trois jours), puis…
  – les **connecteurs logiques** : ils permettent de comprendre les liens qui relient des idées ou des actions.
  car, même, alors, pourtant, donc, bien que…

Vérifiez que vous avez bien compris la leçon : cochez la bonne case.

	Vrai	Faux
1. Les connecteurs rendent le texte plus facile à comprendre.	☐	☐
2. Les connecteurs spatiaux permettent de situer les actions dans le temps.	☐	☐
3. Les connecteurs logiques montrent l'enchaînement des idées.	☐	☐

1 ■ Soulignez les connecteurs temporels, puis remettez ces phrases dans l'ordre chronologique.

1. Demain, j'inviterai Max pour le remercier.
2. Avant de sortir, j'ai pris mon sac. Ensuite j'ai fermé la porte, puis j'ai pris le bus.
3. Après le concert, nous avons pris un chocolat chaud.
4. Enfin, nous avons pris un taxi pour rentrer.
5. Hier, nous sommes allés au spectacle avec Max.

Ordre des phrases : ....

2 ■ Complétez les phrases avec les connecteurs spatiaux proposés. Plusieurs solutions sont possibles.

à droite de l'entrée • à gauche • au milieu • derrière nous • de toutes parts • devant nous • en haut des montagnes • ici • par-delà • au fond

1. .... se trouve la cuisine, ... le salon et .... la chambre.

2. ...., un précipice, ..., des fauves. .... nous étions menacés !

3. Nous aimons dîner ...., ... car .... le relief nous assistons au coucher de soleil, ... des deux pics les plus connus.

3 ◼ **Complétez les phrases avec les connecteurs logiques proposés.**

cependant | car | donc | mais | pourtant | et | parce que

1. Sandra a de beaux yeux, ... ceux de Milan sont magnifiques.
2. J'ai dû faire mes devoirs .... partir au conservatoire .... je n'ai pas pu t'aider.
3. J'y ai pensé, ... j'ai oublié. .... je voulais le faire .... je te l'avais promis.
4. Il n'est pas venu .... il est malade.

4 ◼ **Complétez les phrases avec les connecteurs de votre choix.**

1. Si tu approches de la fenêtre, tu admireras .... notre jardin et .... la piscine.
2. Il s'est qualifié au championnat régional .... il a gagné le championnat départemental.
3. ...., il ne compte pas s'arrêter là, ... il espère aller au championnat de France.
4. Nous avons .... longé le bord de mer, ... nous sommes partis pêcher.
5. .... le soleil s'est caché, il a fallu rentrer .... la pluie a commencé à tomber.

5 ◼ 📖 **J'APPLIQUE POUR LIRE** **Soulignez les connecteurs, puis classez-les.**

> Soudain, à ma droite, contre moi, une grenouille coassa. Je tressaillis, elle se tut [...]. Alors, je m'étendis au fond du bateau et je regardai le ciel. Pendant quelque temps, je demeurai tranquille, mais bientôt les légers mouvements de la barque m'inquiétèrent. Il me sembla qu'elle faisait des embardées gigantesques, touchant tour à tour les deux berges du fleuve ; puis je crus qu'un être ou qu'une force invisible l'attirait doucement au fond de l'eau et la soulevait ensuite pour la laisser retomber.
>
> **Guy de Maupassant**, « Sur l'eau » (1876)

Connecteurs temporels : ....
Connecteurs spatiaux : ....
Connecteurs logiques : ....

DÉJÀ FINI ?

JEU **6** **Remettez les lettres en ordre pour trouver les connecteurs manquants.**

1. ORAB'DD ...., il a hésité, SIPU .... il a réfléchi
et il a TELNAFEINM .... accepté la proposition de son frère.

2. TDAEVN .... il y a la piscine, A ECUGHA, ... le solarium
et ERIRDERE .... l'aire de jeux.

3. Elle a refusé CEARP UEQ .... nous l'avions prévenue trop tard.
TEDCPANEN .... elle avait très envie de venir.

DÉFI ! **7** **Racontez votre journée de cours en utilisant six connecteurs (deux de chaque type).** ⏱ 10 minutes

73 Éviter les répétitions en utilisant les reprises nominales et pronominales

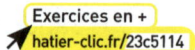

- Les **reprises nominales** sont le remplacement d'un mot par :
  - le même **nom** avec un déterminant différent   Il a vu **un chat**. **Ce chat** est superbe !
  - un **terme générique**,
    Le loup vit en meute. **Ce mammifère** est mythique.
  - un **synonyme**,
    Cette actrice est talentueuse, **cette artiste** a du succès.
  - un mot de la **même famille**,
    Il s'**investit** dans son travail ; **cet investissement** est reconnu.
  - une **périphrase** (expression de même sens mettant en avant une caractéristique de l'être ou de l'objet).   **Le lion** est un félin. **Le roi des animaux** vit dans la savane.

- Les **reprises pronominales** sont le remplacement d'un nom ou d'un groupe nominal par un **pronom personnel** (*il, elle, eux, vous...*) ou un **pronom relatif** (*qui, que, où...*).
    Ces **raquettes** sont neuves. **Elles** appartiennent à mon frère.

> **Vérifiez que vous avez bien compris la leçon :
> complétez les phrases avec une reprise pronominale de votre choix.**
> 1. Joey est avec son père .... est rentré tôt.
> 2. L'enfant joue dehors. .... ne s'ennuie pas.

1 ■ **Soulignez les reprises et précisez si elles sont nominales ou pronominales.**

1. Zoé aime l'anglais. Elle apprend la langue de Shakespeare facilement.
2. Les éléphants m'impressionnent. Ces animaux sont majestueux.
3. Les élèves qui arrivent vont prendre le bus.
4. Voici mes amis d'enfance. Ce sont eux qui m'invitent à la mer cet été.

2 ■ **Recopiez les groupes nominaux repris par les pronoms personnels en gras.**

1. Voici deux CD. Donne-**les** à ta sœur.
2. Un dauphin s'est échoué sur la plage. Les pompiers **le** remettent dans l'eau.
3. J'ai acheté de nouvelles bottes. **Elles** sont rouges.
4. J'ai rencontré Farid et Anaïs **qui** m'ont donné ton adresse.

3 ■ **Trouvez un terme générique reprenant chaque mot en gras.**

1. J'ai acheté des **roses**. Ces .... ont un parfum délicieux.
2. L'émission est consacrée aux **brise-glace** finlandais. Ces .... vont secourir les cargos.
3. Les **comédies** de Molière sont encore jouées. Ces .... ont beaucoup de succès.
4. Le taux de mortalité des **abeilles** atteint des records. La disparition de ces .... pourrait avoir de graves conséquences.

4 ■ **Remplacez les mots en gras par des pronoms dans la deuxième proposition de chaque phrase.**

Ex. : **Nos voisins** ont invité **Tom et toi** à goûter : vous irez chez eux ?

1. **Mes parents** sont rentrés avec **ma sœur**; .... font confiance.
2. J'ai cherché **des champignons**, mais je n'............ ai pas trouvé.
3. **Zélia** est partie chez **Anna** ; .... avait demandé de venir.
4. Kalya prendra **son vélo** car .... est en meilleur état.

5 ■ 📖 **J'APPLIQUE POUR LIRE** **Soulignez toutes les reprises, puis classez-les dans le tableau.**

> C'est un gars de la campagne, à moitié dégourdi seulement, un peu lourdaud, épais, obtus, et bon garçon.
>
> Comme il rentrait un soir chez ses maîtres, un chien se mit à le suivre. Il n'y prit point garde d'abord ; mais l'obstination de la bête à marcher sur ses talons le fit bientôt se retourner. Il regarda s'il connaissait ce chien : mais non, il ne l'avait jamais vu. [...]
>
> C'était une chienne d'une maigreur affreuse, avec de grandes mamelles pendantes. Elle trottinait derrière l'homme d'un air lamentable et affamé.
>
> **Guy de Maupassant**, « Histoire d'un chien » (1881)

	Reprises nominales	Reprises pronominales
L'homme		
L'animal		

6 ■ ✏️ **J'APPLIQUE POUR ÉCRIRE** **Améliorez ce texte en remplaçant le pronom en gras par des reprises nominales variées. Consultez une biographie en ligne pour vous aider.**

En 1986, un certain Jean-Louis Étienne franchit le pôle Nord géographique à pied, en solitaire. **Il** .... avait fait une première tentative un an auparavant mais **il** .... avait échoué. **Il** .... avait toujours rêvé, même pendant ses études de médecine où il était pourtant fort occupé, de réaliser un exploit.

DÉJÀ FINI ?

JEU **7** **Trouvez le plus de synonymes possible à ces mots.**

1. la maison : ....
2. le fermier : ....
3. le début : ....
4. le bagnard : ....

DÉFI ! **8** **Créez des périphrases pour ces mots.** ⏱ 8 minutes

couteau • film • lune • coccinelle • terre • mer • Harpagon • Molière • Noël

Ex. : Rome : la ville éternelle

....
....

74 Les paroles rapportées : insérer un dialogue dans un récit

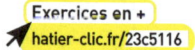
Exercices en +
hatier-clic.fr/23c5116

- Dans un récit, le narrateur peut rapporter **directement** les paroles des personnages.
- Écrire un **dialogue** dans un **récit** permet de le rendre plus vivant, plus animé.
- La **présentation** d'un dialogue obéit à des **règles**.

Guillemets au début et à la fin du dialogue

Le professeur demanda :
« Qui souhaite réciter sa leçon en premier ?
– Je suis trop timide, dit Rania.
– Moi, je veux bien, déclara Alex, je la connais par cœur. »

Tiret pour chaque nouvelle prise de parole

Phrases avec un verbe de parole

- Le verbe de parole (*demander, dire, répondre, déclarer, s'écrier…*) peut être placé **avant le dialogue** ou **à l'intérieur du dialogue**, avec l'inversion du sujet.
- Les **marques de l'oral** sont souvent utilisées : des phrases de type impératif et interrogatif, la forme exclamative, des interjections…

1 🟩 **Rétablissez la ponctuation marquant le dialogue. Soulignez les verbes de parole.**

1. En arrivant, sa mère s'écria .... Venez tous à table ! ....
2. Ma sœur murmura .... J'ai oublié les billets.
   .... Prends un taxi et retourne les chercher .... , s'exclama mon frère !
3. .... Nous arriverons demain .... , dit-il.

2 🟩 **Réécrivez ces dialogues en modifiant la place du verbe de parole.**

1. « Ne te dérange pas pour moi », insista-t-elle.

   ....

2. J'ai rencontré Julie, elle m'a annoncé : « Je déménage le mois prochain.
   – J'espère que tu ne vas pas trop loin », ai-je répliqué.

   ....
   ....

3 🟧 **Remplacez le verbe *dire* par un verbe de parole plus précis.**

1. Hier, mes parents m'ont dit « Veux-tu venir à Madrid avec nous ? » ➡ ....
2. « Pourquoi pas ? » leur ai-je dit aussitôt. ➡ ....
3. Ma mère a dit : « Tu feras ainsi des progrès en espagnol. » ➡ ....
4. « Et ce sera l'occasion de découvrir un nouveau pays », a dit mon père. ➡ ....
5. Ma petite sœur a dit alors : « J'espère que ce sera bientôt mon tour ! » ➡ ....

4 ■ **Transformez les phrases suivantes en phrases de dialogue.**
Ex. : Jérémy a dit qu'il viendrait jeudi. → Jérémy a dit : « Je viendrai jeudi. »

1. Bilal déclara qu'il proposait de nous rejoindre devant le collège.
   ....

2. Wilson admit que cette écharpe était très jolie et qu'il allait l'acheter.
   ....

3. Vivien insista sur le fait qu'on devait faire attention à ce que l'on mangeait.
   ....

5 ■ 📖 **J'APPLIQUE POUR LIRE**   a. **Surlignez les verbes de parole, puis soulignez les paroles de Cross.**

> *Au cours d'un jeu de pelote (jeu de balle), Jacques a été touché.*
> « Je ne l'ai pas fait exprès, dit Cross – ce qui est la réponse habituelle des maladroits.
> – Sans doute ! répliqua Briant, que le cri de son frère venait d'attirer sur le théâtre de la bataille. Néanmoins, tu as tort de jeter ta pelote si fort.
> – Aussi, pourquoi Jacques s'est-il trouvé là, reprit Cross, puisqu'il ne veut pas jouer ?
> – Que de paroles ! s'écria Doniphan, et pour un méchant bobo !
> – Soit !... Ce n'est pas grave ! répondit Briant. »
>
> **Jules Verne**, *Deux Ans de vacances* (1888)

b. **Combien de personnages prennent la parole ? Citez leurs noms.** ....
....

6 ■ ✏️ **J'APPLIQUE POUR ÉCRIRE**   Sur une feuille à part, rédigez le dialogue entre un frère et une sœur qui discutent du choix d'un animal de compagnie : chien ou chat.
Utilisez les verbes de parole suivants et donnez des indications sur le ton employé.

interrompre • dire • répliquer • admettre

DÉJÀ FINI ?

 **7** **Remettez les lettres mêlées en ordre pour trouver des verbes de parole.**

Paul a (ÉAONCNN) .... : « Je pars demain ! »
– C'est la deuxième fois que tu le dis, lui ai-je (ÉROTUQÉR) ....
– Oui, mais cette fois, rien ne m'arrêtera », a-t-il (FFMRÉIA) ....

 8 **Retrouvez six verbes de parole à l'infinitif dans cette grille, puis utilisez-les au passé simple pour compléter les phrases.**

1. Il .... : « C'est moi le coupable. »
2. « Tu as tort », ...-t-elle encore.
3. « Je t'ordonne de le faire », ... mon père, rouge de colère.
4. « On se réveille ! », ...-elles pour nous sortir du lit.
5. « Je comprends », ...-t-elle dans son carnet.
6. « Et je viendrai seul », ...-t-il.

R	E	P	E	T	E	R
C	R	I	E	R	E	U
T	D	Q	G	T	S	G
X	I	H	U	R	G	I
K	N	O	T	E	R	R
W	J	H	J	L	S	Z
A	V	O	U	E	R	A

117

75 Rédiger une description

- Une description présente un **lieu**, un **objet**, un **personnage** (on parle alors de **portrait**). Elle marque une pause dans le récit.
- Les verbes sont conjugués au **présent** ou à l'**imparfait** (si le texte est au passé).
- Une description comporte les éléments suivants.

Des **indications de lieu** (connecteurs spatiaux : adverbes et groupes nominaux...)	ici, près de, derrière, devant, à gauche
Des **verbes de position**	dominer, s'étendre, entourer
Des informations qui se rapportent aux **cinq sens** : lumières et couleurs, odeurs, bruits, goûts...	sentir, percevoir, entendre, senteur, lumineux, amertume
Des **comparaisons** et des **métaphores**	moelleux comme un coussin, rusé comme un renard
Des **champs lexicaux**	forêt : arbres, feuilles, sentier
Des **expansions du nom** : épithète, CDN et subordonnée relative	Un petit arbre d'une espèce rare qui pousse au bord du chemin

1 ◼ Donnez des mots appartenant aux champs lexicaux des thèmes suivants.

1. Le bâtiment : ....
2. Les matériaux : ....
3. Une île déserte : ....
4. Un lac : ....

2 ◼ Complétez ce tableau du vocabulaire sensoriel.

Sens	Noms communs	Adjectifs qualificatifs	Verbes
Goût			
Toucher			
Ouïe			

3 ◼ Réécrivez cette description positive en la transformant en description négative.

Devant nous se dressait un magnifique château flamboyant. Un superbe parc verdoyant l'entourait. Aux limites de ce jardin luxuriant, on apercevait les arbres majestueux de la forêt lumineuse. C'était un paysage féerique.

....
....
....

4 🟥 📖 **J'APPLIQUE POUR LIRE** **a. Soulignez trois épithètes et surlignez trois compléments du nom.**

> L'aspect du rivage ne nous avait pas trompés ; de tous côtés, dans toutes les directions, ce n'étaient que roches arides, recouvertes d'algues et de goémons généralement desséchés, sans le plus petit brin d'herbe, sans rien de vivant, ni sur la terre ni dans le ciel. De place en place, de petits lacs, des étangs plutôt, brillaient aux rayons du soleil.
>
> **Jules Verne**, *L'Éternel Adam* (1910)

b. Quels mots appartiennent au champ lexical du bord de mer ?

....

5 🟥 ✏️ **J'APPLIQUE POUR ÉCRIRE** Vous vous promenez sur la plage. Décrivez-la en insérant ces éléments : deux expansions du nom, une comparaison, le champ lexical des animaux de bord de mer et du sens de la vue. Aidez-vous de la photo ci-dessous.

DÉJÀ FINI ?

 **6 Dessinez et rédigez le portrait du visage de votre voisin(e) de classe. Utilisez les mots de la liste.**

étincelles • bouche • pommettes • sourcils • menton • cheveux • nez

DÉFI ! 7 Remplissez cet abécédaire d'un paysage montagnard.

A	B	C	D	E
F	G	H	I	J
K	L	M	N	O
P	Q	R	S	T
U	V	W	Y	Z

119

76 Rédiger un texte au passé (les temps du récit)

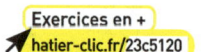

• Les deux temps les plus employés dans un **récit au passé** sont l'**imparfait** et le **passé simple**.

Imparfait	Passé simple
• **action secondaire** par rapport à une autre au passé simple Ils **étaient** excités quand il arriva ! • **fait qui dure** Ils **vivaient** là. • **fait en train de se dérouler** Les élèves **travaillaient**. • **description** Elle **était** petite. • **habitude** J'**allais** à l'école à vélo.	• **action au premier plan** par rapport à une autre à l'imparfait Il dormait quand l'orage **éclata**. • **action délimitée dans le temps** Il **courut** pendant quinze minutes. • actions **importantes** et faisant **avancer l'histoire** Il **se leva**, **prit** son fusil, **se cacha**.

Vérifiez que vous avez bien compris la leçon : conjuguez les verbes à l'imparfait ou au passé simple.

1. Il (venir) _____ d'arriver quand son frère (appeler) _____.
2. Tous les mois, il lui (réclamer) _____ de l'aide.

---

1 Indiquez le temps des verbes en gras.

1. Le joueur **attrapa** le ballon au vol, **remonta** le terrain et **marqua** un but. ....
2. Nous **rêvassions** lorsque le professeur nous **rappela** à l'ordre. ....
3. Il ne **faisait** pas son âge et **portait** des vêtements à la mode. ....
4. Les acteurs **finissaient** le premier acte quand un grand bruit **retentit** dans la salle.
....

2 Soulignez la forme verbale qui convient dans chaque couple de verbes en gras.

1. Il **soufflait/souffla** un vent glacial quand ils **arrivaient/arrivèrent** dans la station de ski.
2. Tandis qu'ils **chaussaient/chaussèrent** leurs skis, ils **voyaient/virent** arriver leurs amis.
3. Ils **s'embrassaient/s'embrassèrent** et **partaient/partirent** tous ensemble sur les pistes.
4. Comme le soir **tombait/tomba**, ils **rentraient/rentrèrent**.

3 Conjuguez les verbes entre parenthèses à l'imparfait ou au passé simple.

1. Nous (courir) _____ sur la plage quand la marée nous (surprendre) _____.
2. Alors que nous (monter) _____ dans le bus, le chauffeur nous (annoncer) _____ que la neige (bloquer) _____ la route.
3. Ils (rentrer) _____ vite car le ciel (s'assombrir) _____.
4. Comme elle (courir) _____ à toute allure, elle (perdre) _____ sa sandale.

4 ◼ **Soulignez les verbes à l'imparfait et précisez l'emploi de ce temps.**

   1. Juan vivait là depuis des années.
   2. Il se promenait chaque jour en forêt.
   3. Une forêt de pins bordait la mer.
   4. Dans la salle, les spectateurs discutaient quand le film démarra.

5 ◼ **Soulignez les verbes au passé simple et précisez l'emploi de ce temps.**

   1. Un choc secoua le navire ; aussitôt après, une énorme vague s'abattit sur le pont et balaya tout sur son passage.
   2. Il dansait quand le lustre de la salle s'effondra au sol.
   3. Il cria de douleur quand il se tordit la cheville.

6 ◼ 📖 J'APPLIQUE POUR LIRE   **a. Soulignez trois imparfaits de description et surlignez un imparfait pour une action secondaire.**
b. Relevez un passé simple et indiquez son emploi.

> Il était environ trois heures de l'après-midi. Il faisait un temps de chien froid et brumeux. Je me tenais sur le seuil de la porte, songeant tristement à mon père, quand j'aperçus quelqu'un s'avancer lentement le long de la route. C'était évidemment un aveugle, car il tapait le sol devant lui avec une canne et avait une visière verte sur les yeux.
>
> D'après **Robert Louis Stevenson**, *L'Île au trésor* (1883)

7 ◼ ✏️ J'APPLIQUE POUR ÉCRIRE   **Racontez à votre tour une rencontre inattendue. Utilisez trois verbes à l'imparfait et trois verbes au passé simple.**

DÉJÀ FINI ?

JEU 8 Employez chacun de ces verbes à l'imparfait et au passé simple dans la même phrase.

   Ex. : se lever → Le soleil se levait à l'horizon lorsque Ninon se leva.

   1. Couvrir →
   2. Éclater →
   3. Courir →

DÉFI ! 9 Dans la grille, retrouvez quatre verbes à l'imparfait et cinq verbes au passé simple. (6 minutes)

A	I	M	A	I	S
V	L	I	A	I	T
I	R	L	A	I	T
O	N	I	I	E	Z
N	A	G	E	A	S
S	V	I	M	E	S

77 Écrire une scène de théâtre comique

L'écriture d'une scène de théâtre doit respecter certaines **contraintes**.

● La mise en page est très **visuelle** :
  – indiquez le nom du personnage avant la prise de parole,
  – allez à la ligne à chaque nouvelle réplique,
  – n'utilisez pas de guillemets.

● Employez des **procédés d'écriture** spécifiques pour mettre en relief les propos des personnages, en particulier dans la comédie :
  – des **types de phrases** impératif et interrogatif,
  – la **forme exclamative**,
  – des **interjections**,
  – des **didascalies** (en italique) pour préciser les lieux, les décors, les gestes, les costumes…

● Une scène de théâtre doit susciter des **émotions fortes** : colère, joie, tristesse, peur…

1 ■ **a.** Complétez les encadrés avec le nom des éléments désignés par les flèches.
b. Soulignez dans le texte une indication de lieu.

> HARPAGON, *seul, criant au voleur dès le jardin.* – Au voleur ! au voleur ! à l'assassin ! au meurtrier ! Justice, juste ciel ! Je suis perdu, je suis assassiné ; on m'a coupé la gorge : on m'a dérobé mon argent. Qui peut-ce être ? Qu'est-il devenu ? Où est-il ? Où se cache-t-il ? […] N'est-il point ici ? Qui est-ce ? Arrête. *(À lui-même, se prenant par le bras.)* Rends-moi mon argent, coquin… Ah ! c'est moi ! Mon esprit est troublé, et j'ignore où je suis, qui je suis, et ce que je fais. Hélas ! mon pauvre argent !
>
> Molière, *L'Avare* (1668), acte IV, scène 7

2 ■ Complétez les phrases avec les interjections suivantes.

Enfin • Allons • Quoi • Ah • Bon • Assez • Eh bien • Oh

1. ...., votre père va se marier ?
2. ...., vous voilà réconciliés !
3. ...., soyez raisonnable et essayez de trouver une solution !
4. ...., je ne dis plus rien !
5. .... traître que tu es !
6. ...., que se passe-t-il ici ?
7. ...., arrêtez maintenant !
8. ...., quelle honte !

3 ■ Transformez ces ordres en phrases impératives.

1. Bien accueillir Marianne. →
2. Faire ce que je dis. →
3. Se taire. →
4. Se rendre à la cuisine et boire un verre d'eau. →

4 ■ **Transformez ces phrases avec un verbe conjugué en didascalies, comme dans l'exemple.**

Ex. : Elle fait une révérence. → Faisant une révérence.

1. Il saisit un bâton et menace son valet. ....
....
2. Elle se met à genoux. ....
3. Il se cache derrière la porte. ....
4. Elle essuie ses larmes. ....
5. Il hausse le ton. ....
6. Il bégaie. ....

5 ■ **Classez les mots dans le tableau, puis soulignez les expressions familières.**

se quereller • faire la paix • se friter • se rabibocher • fâcheries • entente • chercher des noises • altercation • mésentente • admettre ses torts • céder du terrain • être en froid • accord • brouille • se serrer la main

Réconciliation		Dispute	
Noms	Verbes	Noms	Verbes

6 ■ ✏️ **J'APPLIQUE POUR ÉCRIRE** Un personnage fait une confidence à un ami, un frère ou une sœur... Imaginez leur dialogue dans une scène de théâtre comique, sur une feuille à part. Puis évaluez-vous en complétant la grille ci-dessous.

Critères d'évaluation	🙂	😐	☹️
J'ai choisi le nom des personnages.			
J'ai respecté la mise en page.			
J'ai exposé le secret confié.			
J'ai décrit la réaction du confident (surprise, colère, joie, peur...).			
J'ai varié les types de phrases.			
J'ai utilisé la forme exclamative.			
J'ai employé des interjections.			
J'ai utilisé au moins deux didascalies.			
J'ai utilisé des connecteurs logiques.			
J'ai vérifié l'orthographe.			
J'ai vérifié les accords dans le GN et dans le groupe verbal.			

7 ■ 💬 **J'APPLIQUE POUR DIRE** Jouez avec un(e) camarade la scène de théâtre que vous avez écrite à l'exercice 6. Puis inversez les rôles.

78 Écrire une suite de texte

- Il s'agit de poursuivre l'écriture d'un texte en respectant ses **caractéristiques** :
  - le **narrateur** : 1re ou 3e personne,
  - le **genre** : lettre, théâtre, roman…,
  - l'**époque** et le **lieu**,
  - les **temps verbaux** : récit au présent ou au passé,
  - le **caractère** des personnages.
- Il faut également respecter le **style** de l'auteur : niveau de langue, types et formes de phrases, ponctuation, figures de style…

1 📖 J'APPLIQUE POUR LIRE   Lisez le texte suivant, puis suivez la consigne.

> *Pour échapper aux nazis, Joseph, enfant juif, est recueilli en 1942 dans un orphelinat.*
>
> Lorsque j'avais dix ans, je faisais partie d'un groupe d'enfants que, tous les dimanches, on mettait aux enchères. On ne nous vendait pas : on nous demandait de défiler sur une estrade afin que nous trouvions preneur. Dans le public pouvaient se trouver aussi bien nos vrais parents enfin revenus de la guerre que des couples désireux de nous adopter. […] Tous les dimanches, sous le préau de la Villa Jaune, j'avais dix pas pour me faire voir, dix pas pour obtenir une famille, dix pas pour cesser d'être orphelin. Les premières enjambées ne me coûtaient guère tant l'impatience me propulsait sur le podium, mais je faiblissais à mi-parcours, et mes mollets arrachaient péniblement le dernier mètre. Au bout, comme au bout d'un plongeoir, m'attendait le vide. Un silence plus profond qu'un gouffre.
>
> **Éric-Emmanuel Schmitt**, *L'Enfant de Noé* (2004) © Albin Michel

Repérez les caractéristiques du texte en complétant le tableau ci-dessous.

Caractéristiques	
Le genre	
Le narrateur	
Les personnages	
Le lieu et l'époque	
Les temps verbaux	
Le niveau de langue	

2 ✏️ J'APPLIQUE POUR ÉCRIRE   Écrivez une courte suite à ce texte. Par exemple, une femme s'avance et reconnaît Joseph comme son fils. Décrivez leurs réactions.

79 Exprimer son avis, son ressenti

- Donner son **avis**, c'est exprimer son **ressenti** et ses **émotions**.
- On utilise des **verbes d'opinion** : *penser que, croire que, trouver que, estimer que, supposer que, se douter...*
- On utilise également des expressions mettant en relief l'**avis personnel** : *à mon avis, d'après moi, selon moi, j'ai le sentiment que, j'ai l'impression que...*
- Les ressentis et opinions peuvent être **positifs**, **négatifs** ou plus **nuancés**.
- Cet avis doit toujours être **argumenté** et **justifié** en s'appuyant sur un texte, un ouvrage, des exemples...

1 ▪ Donnez le titre de chaque colonne : avis positif, avis négatif, avis nuancé.

....	....	....
j'ai aimé le style ; cela m'a plu ; je conseillerais ; je conseille ; ce livre m'a ému(e)	c'est original ; j'ai été surpris(e) ; ce livre ne m'a pas laissé(e) indifférent(e)	je n'ai pas aimé l'histoire ; cela m'a déplu ; je déconseillerais ; je déconseille

2 ▪ Précisez à quel sentiment renvoie chaque mot.

1. redouter : ....
2. mélancolie : ....
3. inquiétant : ....
4. irrité : ....
5. engouement : ....
6. exaspération : ....
7. ahuri : ....
8. ravi : ....
9. hésiter : ....

3 ▪ Complétez les phrases avec un mot exprimant le sentiment qui convient. Il y a parfois plusieurs réponses possibles.

1. Nous avons le .... de vous annoncer la naissance de notre fille.
2. Grand merci ! Je vous dois une .... éternelle après ce que vous avez fait !
3. Nous avons appris avec .... ton retour de vacances.
4. Je me souviens avec .... de mon chien Gaillac.
5. Ils m'ont offert un cadeau et je l'ai accepté avec ....
6. Tu n'as pas eu les félicitations du jury : quelle .... !

4 ▪ ✏️ J'APPLIQUE POUR ÉCRIRE Trouvez des justifications aux avis suivants.

1. Ce livre me plaît car ....

2. Ce livre me déplaît car ....

80 Règles de l'oral : jouer une scène, réciter un poème, faire un exposé

Différentes **techniques** permettent de **parler devant un public**.

- La **voix** : parler fort et articuler ; maîtriser le rythme de la parole en veillant à ne pas aller trop vite et en faisant des pauses ; varier l'intonation pour rendre le discours plus vivant.

- L'**attitude** : avoir un regard assuré ; regarder son auditoire ; être souriant(e), car le sourire de l'orateur ou de l'oratrice appelle le sourire de l'auditoire.

- La **posture** : se tenir droit(e) sans rester figé(e) ; ne pas gesticuler (ni balancements, ni tics gestuels) ; utiliser ses mains pour souligner des points importants (évitez les mains dans les poches !).

1 ▪ **Prononcez ces phrases à voix haute, en ouvrant bien la bouche.**
1. Ton thé t'a-t-il ôté ta toux tenace ?
2. Trois très gros, gras, grands rats gris grattent.
3. Donnez-lui à minuit huit fruits cuits et si ces huit fruits cuits lui nuisent, donnez-lui huit fruits crus.
4. Un pêcheur prépare pitance, plaid, pliant, pipe, parapluie, prend panier percé pour ne pas perdre petits poissons, place dans poche petit pot parfaite piquette, puis part pédestrement pêcher pendant période permise par police.

2 ▪ 💬 **J'APPLIQUE POUR DIRE** **Lisez le texte suivant en commençant très doucement et en élevant très progressivement la voix pour finir sur une voix très forte.**

> Soudain, je poussai un cri. Un choc eut lieu, mais relativement léger. Je sentis la force pénétrante de l'éperon d'acier. J'entendis des éraillements, des raclements. Mais le *Nautilus*, emporté par sa puissance de propulsion, passait au travers de la masse du vaisseau comme l'aiguille du voilier à travers la toile ! Je ne pus y tenir. Fou, éperdu, je m'élançai hors de ma chambre et me précipitai dans le salon. Le capitaine Nemo était là.
>
> **Jules Verne**, *Vingt Mille lieues sous les mers* (1870)

3 ▪ **Lisez le texte ci-dessus, à voix haute, en respectant l'intonation demandée.**
1. avec colère
2. de façon joyeuse
3. dans un état d'angoisse

4 ▪ 💬 **J'APPLIQUE POUR DIRE** **Parlez de la personne de votre choix devant vos camarades de classe, pendant cinq minutes. Aidez-vous du tableau ci-dessous.**

Les règles de l'oral	🙂	😐	☹
J'ai parlé assez fort et j'ai bien articulé.			
J'ai varié le rythme de parole et j'ai changé d'intonation.			
J'ai regardé l'auditoire et je suis resté(e) souriant(e).			
Je me suis tenu(e) droit(e).			
J'ai maîtrisé mes gestes.			

81 BILAN Expression écrite

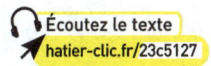

▶ Vérifiez que vous avez bien compris les Fiches 72 à 76 avant de traiter ce bilan.

> *Gavroche héberge des enfants des rues dans la carcasse d'une statue « éléphant ».*
> Le petit ne dormait pas.
> « Monsieur ! **reprit**-il.
> – Hein ? **fit** Gavroche.
> – Qu'est-ce que c'est donc que les rats ?
> 5 – C'est des souris. »
> Cette explication **rassura** un peu l'enfant. Il avait vu dans sa vie des souris blanches et il n'en avait pas eu peur. Pourtant il **éleva** encore la voix : [...]
> « Pourquoi n'avez-vous pas un chat ?
> – J'en ai eu un, répondit Gavroche, j'en ai apporté un, mais ils me l'ont mangé. »
>
> **Victor Hugo**, *Les Misérables* (1862)

1 Soulignez les prises de parole. Combien de personnages prennent la parole ? Qui sont-ils ? 3 POINTS

2 Quels sont les éléments qui indiquent la prise de parole ? 3 POINTS

3 Quelles sont les différentes expressions qui désignent *le petit* (l. 1) ? Précisez leur classe grammaticale. 4 POINTS

4 À quel temps sont les verbes en gras ? Pourquoi ? Justifiez votre réponse. 3 POINTS

5 Relevez un connecteur logique. Par quelle conjonction de coordination peut-on le remplacer ? 3 POINTS

6 Rédigez la suite de ce texte : des rats envahissent à leur tour la carcasse de la statue. Décrivez la réaction des enfants en insérant un dialogue dans le récit. 8 POINTS

JE SAIS RÉDIGER UN TEXTE

Ma note globale : .... / 24

▶ entre 0 et 8 points : à consolider
▶ entre 9 et 16 points : maîtrisé
▶ entre 17 et 24 points : dépassé

82 Dictée préparée — Expression écrite

▶ Le texte que va vous dicter votre professeur s'appuie sur les notions travaillées dans les **Fiches 72 et 75**. Vérifiez que vous les avez bien comprises avant de commencer la dictée.

JE RÉVISE ET JE PRÉPARE LA DICTÉE

1 Réécrivez ce texte en remplaçant les pronoms en gras par des reprises nominales. ▶ Fiche 73

Robinson et Vendredi ne cessaient d'organiser et de civiliser leur île, et de jour en jour **ils** .... avaient davantage de travail. Le matin, par exemple, **ils** .... commençaient par faire leur toilette, puis **ils** .... lisaient quelques passages de la Bible.

2 Réécrivez ces phrases à l'imparfait. ▶ Fiches 34 et 75

1. Il commence toujours par faire sa toilette. → ....
2. On fait basculer la passerelle tous les mardis.
→ ....
3. On dégage les issues bouchées le matin.
→ ....

3 Recopiez ces mots : le garde-à-vous, un mât, une passerelle, civiliser, île, drapeau, par-dessus

....

J'ÉCRIS LA DICTÉE

🎧 Écoutez la dictée
hatier-clic.fr/23c5128

....
....
....
....
....
....

JE RELIS MA DICTÉE

▶ **Première relecture** Je vérifie la ponctuation et les majuscules.
▶ **Deuxième relecture** Je vérifie la conjugaison de l'imparfait.

SE CORRIGER EN BINÔME

Je **souligne** mes erreurs dans la dictée et je les **corrige** dans le tableau ci-dessous. En binôme, je réfléchis à ce que je dois **vérifier** pour ne plus les refaire.

LES MOTS CORRIGÉS	COMMENT NE PLUS REFAIRE CES ERREURS